고대에서 현대까지
북쪽의 역사

절반의
한국사

고대에서 현대까지
북쪽의 역사

절반의
한국사

위즈덤하우스

잊힌 북쪽의 역사를
품에 안다

    남북 분단 이후 대한민국에서는 북쪽의 역사가 점차 잊혔다. 북쪽 지역은 전쟁의 시기에는 침입로였지만, 평화의 시기에는 교역의 길로 변신했다. 연행사의 길이었으며, 근대에 들어와서는 경의선, 경원선 철도가 연결되면서 교통과 경제의 중심지가 되었다. 이 책은 남북 관계가 새로운 전환기를 맞이한 현재의 시점에 북쪽 지역의 역사에 대한 관심을 환기시키기 위해 기획되었다. 북쪽의 역사를 우리의 시각으로 서술해 이제껏 소홀히 했던 북쪽의 한국사를 우리 품으로 돌아오게 했다. 책 제목을 '절반의 한국사'라 한 것 역시 이러한 의도에서 비롯되었다. 서술 방식은 북쪽의 역사를 시대별로 주요 주제를 뽑고, 이를 전공 역사학자가 사실에 입각해 보다 쉽고 재미있게 서술하는 방식을 취했다.

    이 책은 삼국 시대부터 현대에 이르기까지 북쪽에서 전개되었던 한국사의 여러 장면을 사건과 인물 중심으로 서술하고 있다. 먼저 광대한 북쪽 산하를 중심으로 북쪽 지역의 자연환경을 개관한 뒤에 우리 역사 속 첫 나라인 고조선의 성립과 발전 과정을 소개했다. 삼국 시대와 남북국 시대 북쪽 역사의 중심에 있었던 고구려와 발해는 우리 역사상 가장 광대한 영토를 차지했고, 중국을 비롯한 동아시아 여러 나라들과 경쟁하면서 발전해 나갔다. 수도가 개경이고, 평양이 전진 기지 역할을 했던 고려에서도 북쪽이 차지하는 비중이 컸다. 거란, 여진, 몽골과 때로는 전쟁을 했지만, 다원적 외교 관계를 수행하면서 자주적 국가의 면모를 지켜나간 고려 역사의 흐름을 살펴본다. 조선의 수도는 한양이었지만, 조선 건국을 이끈 세력 중에는 북쪽 출신이 많았다. 조선을 세운 태조 이성계와 참모 이지란은 북쪽에서도 변방 출신이었다. 영토적으로 조선은 고려에 비해 큰 성과를 거두었는데, 4군 6진의 개척으로 북한까지 포함한 현재의 영토가 형성되었다.

민초들의 안타까운 사연들도 북쪽의 역사에 담겨 있다. 1811년 홍경래가 민란의 횃불을 밝힌 곳이 평안도였으며, 압록강과 두만강을 경계로 한 간도 지역에는 많은 조선인의 애환이 서려 있다. 개신교와 신문물이 먼저 들어와 애국계몽운동의 선도 지역이 되고, 한말과 일제 침략기에는 강력한 무장 투쟁이 준비되던 곳이었다. 윤동주, 김동환, 이용악, 백석 등 북쪽을 기반으로 한 문학가들의 작품에는 지역적 정서도 강하게 배어 있다.

이 책을 통해 우리 역사의 절반을 차지했으면서도, 분단 상황 이후 우리에게 잊혔던 북쪽의 역사에 대한 관심이 다시 일어나기를 기대한다. 나아가 이 책이 남북의 화해와 협력, 그리고 통일을 준비하는 시대적 과제에 접근하는 작은 사다리가 되었으면 한다.

신병주(건국대 사학과 교수)

차례

머리말   4

01 북녘 산하, 대륙으로 열린 땅   8

02 북녘 최초의 나라, 고조선   22

03 동북아 중심 국가 고구려의 군사력과 외교력   34

04 고구려 옛 땅에 세운 나라, 발해   48

05 개성의 호족, 고려를 건국하다   62

06 서경 천도 운동, 통념을 파괴하라   74

07 해동 천자의 나라 고려의 외교술   86

08 고려와 조선 시대 국경 이야기   98

09 조선을 건국한 북방 출신 이성계와 이지란   108

10 평안감사와 북쪽 최고의 도시 평양   120

11 개성과 개성상인   134

12 북쪽 지역이 겪은 왜란과 호란   146

13 오랑캐라고 불린 여진   160

14 1811년 홍경래 난, 평안도 차별에 반기를 들다   172

15 국경을 넘는 사람들   184

16 기독 세상이 된 평안도, 친미 엘리트를 배출하다   196

17 북방을 노래한 북쪽의 시인들   210

18 북쪽 정권을 세운 사람들   226

19 평안도에서 내려온 우익 세력   242

이 책을 집필한 사람들   254

01

북녘 산하,
대륙으로 열린 땅

여호규

"대한민국의 영토는 한반도와 그 부속도서로 한다." 우리나라의 영토 범위를 정한 헌법 제3조이다. 대한민국의 영토는 '한반도와 그 부속도서' 곧 한반도와 그에 딸린 섬들로 이루어져 있다는 것이다. 이 조항은 1948년 제헌 헌법에서 처음 제정된 이래 여러 차례의 헌법 개정에도 토씨 하나 바뀌지 않고 그대로 이어지고 있다.

대한민국 전도
국토지리정보원 제공

한반도, 섬 아닌 섬

다른 나라 헌법에도 영토에 관한 조항이 있을까? 미국, 일본, 중국 등 거의 모든 나라 헌법에는 영토에 관한 조항이 없다. 사실 영토의 범위를 헌법의 짤막한 조항으로 정하는 것 자체가 쉽지 않다. 가령 중국의 영토를 '중국 대륙'이라고 정한다면, 그 범위를 어디까지로 볼 것인가가 문제가 될 것이다. '만주'라 부르는 중국의 동북 3성(중국 랴오닝성[요령성], 지린성[길림성], 헤이룽장성[흑룡강성]으로 구성된 중국의 둥베이 지방을 이르는 말)은 관점에 따라 중국 대륙으로 볼 수도 있고 아닐 수도 있기 때문이다. 그래서 보통 헌법에는 영토 조항을 넣지 않고, 주변국과의 조약을 통해 국경을 정한다.

그럼 우리나라 헌법에는 왜 영토 조항이 담기게 되었을까? 1948년 헌법

헌법 공포 기념사진
위쪽 사진은 1948년 5월 31일 제헌국회 개원식 뒤에 촬영한 기념사진이다. 사진 아래에는 '檀紀四千二百八十一年 七月十七日 大韓民國憲法公布記念(단기사천이백팔십일년 칠월십칠일 대한민국헌법공포기념)'이라고 적혀 있다. 아래쪽 종이에는 위 사진에 있는 의원 배치와 이름, '制憲國會議員記念撮影(제헌국회의원기념촬영) 4281.5.', '初日(초일) 1948.5.30.'이라고 적혀 있다. 국립민속박물관 제공

제정 당시 우리나라는 일제 식민 지배에서 해방된 직후였다. 다시는 나라를 빼앗기지 말자는 각오가 헌법 제정에 큰 영향을 미쳤을 것이다. 또한 남북 분단으로 북위 38도선 이남에서만 총선거가 치러지고 제헌의회가 출범했다. 제헌의회로서는 38도선 이북도 대한민국 영토임을 대내외에 천명할 필요가 있었을 것이다.

우리나라 헌법에 영토 조항이 있는 것은 특수한 역사적 상황의 산물인 것이다. 그럼 우리는 헌법에 정한 '한반도' 사람으로서의 삶을 얼마나 온전히 누리고 있을까? 한반도(韓半島)에서 '반도(半島)'는 삼면이 바다로 둘러싸여 있고 나머지 한 면은 대륙에 이어진 땅을 뜻한다. 반쯤은 섬이지만, 섬과 달리 대륙과 이어졌다는 점이 가장 중요한 특징이다. 그래서 흔히 반도를 대륙과 해양을 잇는 가교라 한다. 반도에 사는 사람이라면 바다뿐 아니라 육로를 통해서 대륙으로 자유롭게 나아갈 수 있어야 한다.

그럼, 한반도 남쪽에 살고 있는 우리의 상황은 어떠한가? 필자는 만주의 고구려 유적을 자주 답사하는데, 아직 한 번도 육로를 통해 가 본 적이 없다. 남북 분단으로 육로가 막혔기 때문이다. 2004~2005년에 북한의 고구려 유적을 답사했는데, 그때도 비행기를 타고 중국 베이징을 경유해 평양으로 갔다. 현재 한반도는 이름만 반도일 뿐, 대륙으로 나아갈 수 없는 '섬 아닌 섬'이다. 이처럼 섬 아닌 섬에 살고 있는 우리는 반도라는 지정학적 요인이 우리 역사에 얼마나 큰 영향을 미쳤는지 잘 깨닫지 못한다.

한반도는 본디 남북으로 두 동강 나지 않아 북녘 산하를 통해 대륙으로 활짝 열려 있었다. 북녘 산하 너머로는 광활한 만주 지역이 펼쳐지고, 유라시아 대륙의 중심부로 이어진다. 이로 인해 고조선, 고구려, 발해 등 고대 국가들이 만주와 한반도에 걸친 판도를 확보했다. 발해 멸망 이후 판도가 한반도로 축소되었지만, 고려나 조선은 대륙 방면과 활발하게 교섭했다. 우리 역사를 제대로 이해하려면 해양뿐 아니라 대륙과 맞닿은 우리 산하의 지정학적 특성을 잘 알아야 한다.

북녘 산하, 대륙과 반도의 가교

한반도는 동서 폭이 좁은 반면, 남북으로 기다랗다. 북쪽 지역에는 산지가 많고 남쪽에는 구릉과 평야가 발달했다. 또한 기온이나 강수량도 동서보다 남북의 차이가 훨씬 크다. 이처럼 남북의 차이가 크기 때문에 보통 남쪽에서 북쪽으로 가면서 남부, 중부, 북부 등으로 지역을 구분한다.

한반도의 산줄기는 남북으로 기다랗게 뻗은 낭림산맥·태백산맥·소백산맥 등이 기본 뼈대를 이루며, 여기에서 갈라진 여러 산맥들이 황해를 향해 달리는 양상을 띤다. 이들 산맥 사이로 대동강이나 한강 등 주요 하천이 서쪽으로 유유히 흘러 황해로 유입된다. 각 하천 유역에는 넓은 들판이 펼쳐져 있어 일찍부터 사람들이 이곳을 터전으로 삼아 농사를 지으며 생활했다. 또한 전통 시대에는 육상 교통이 크게 발달하지 않아서 하천의 수로가 중요한 교통로로 활용되기도 했다. 반면 산맥은 사람들의 왕래를 방해

우리나라 산지와 하천

낭림산맥과 마천령산맥, 태백산
맥과 소백산맥 등이 북동쪽에 위
치하고 있어, 우리나라는 북동쪽
에 높은 산지와 산맥이 있다. 국
토지리정보원 제공

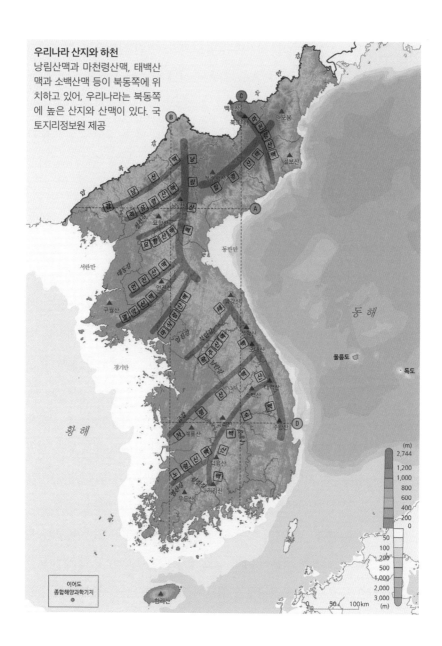

하는 장벽으로 작용했는데, 외적의 침입을 막는 천연 방벽으로 활용되기도 했다. 또한 기온이나 강수량 등 기후도 산맥을 경계로 크게 달라진다. 이에 한반도의 지역을 구분할 때, 보통 남부와 중부는 차령산맥-소백산맥, 중부와 북부는 멸악산맥을 경계로 나눈다. 멸악산맥은 그루갈이의 북쪽 한계선으로 멸악산맥 남쪽에서는 1년 2모작이나 2년 3모작 등 그루갈이가 가능하지만, 그 북쪽에서는 1년에 한 번만 농사를 지을 수 있다.

현재 남북을 가르는 휴전선은 멸악산맥보다 조금 남쪽의 임진강 유역을 지나지만, 북한 지역은 거의 대부분 북부 지역에 해당된다. 그런데 멸악산맥이나 임진강 일대는 우리 역사상 여러 차례 국경의 역할을 했다. 고구려와 백제는 4세기에 100년 가까이 멸악산맥을 경계로 치열한 각축전을 전개했다. 6세기 중반 이후에는 고구려와 신라가 임진강 유역에서 접전을 벌였다. 기후나 지형 등 자연환경의 차이에 따른 지리적 경계선이 정치·군사적 경계로 작용하기도 했던 것이다.

북부 지역은 낭림산맥과 태백산맥을 경계로 관서 지방과 관북 지방으로, 관북 지방은 다시 함경도 해안 지대와 개마고원 일대의 북부 산간 지대로 나누어진다. 각 지역은 지형이나 기후 등 자연환경에서도 많은 차이가 나는데, 이러한 환경 차이는 각 지역의 역사 전개에도 큰 영향을 미쳤다.

관서 지방은 북부 지역에서 평야가 가장 넓게 발달했다. 또한 이곳은 북부 지역 가운데 여름철 기온이 가장 높고 강수량도 풍부하다. 특히 대동강과 재령강은 수로를 통해 하나로 연결되어 있는데, 수량이 풍부하여 황해를 다니는 배들이 내륙 깊숙이 들어올 수 있다. 전통 시대에는 황해를 다니는 배들이 평양까지 곧바로 드나들었다. 오늘날로 치면 평양은 항구 도시였던 것이다. 또한 대동강과 재령강 유역은 북부 지역을 대표하는 곡창 지대로서 일찍부터 정치적 중심지로 떠올랐다.

고조선은 기원전 3세기 초 연나라에 서방 영토를 빼앗긴 뒤, 평양 지역의 왕검성을 도성으로 삼았다. 압록강 중상류에서 떨치고 일어난 고구려도 427년에 평양으로 천도해 한반도 중북부에서 만주 중남부에 걸친 광활한 판도를 경영했다. 고려는 평양에 서경을 설치하여 북진 정책의 전진 기지로 삼았다. 이처럼 평양 지역은 북부 지역뿐 아니라 한반도와 만주를 아우르는 정치적 거점 역할을 하기도 했는데, 북녘 산하가 대륙으로 활짝 열려 있었기에 가능한 일이었다.

함경도 해안 지대는 동해안을 따라 해안 평야가 좁고 기다랗게 펼쳐져 있어 일찍부터 어업과 함께 농경이 발달했다. 다만 면적이 넓지 않아 이 지역을 바탕으로 정치 세력이 성장하기는 쉽지 않았다. 이 지역에 들어섰던 옥저나 동예가 독립 국가로 성장하지 못하고 고조선이나 고구려에 복속된 것은 이를 잘 보여 준다. 다만 이 지역은 동해안이나 두만강과 접해 있어 러시아 연해주나 중국의 연변 지역과 연결된다.

이 지역에서 발굴된 신석기 시대 빗살무늬토기는 바닥이 뾰족하지 않고 평평한 것이 중요한 특징인데, 연해주나 연변 지역에서도 이러한 토기가 발견된다. 또한 옥저의 거주 구역은 함경도 해안 지대뿐 아니라 두만강 유역의 연변까지 뻗어 있었다. 지금은 두만강을 경계로 북한과 중국, 러시아의 영토로 갈라졌지만, 본디 함경도 해안 지대는 동해안이나 두만강을 통해 연해주나 연변 지역과 하나의 지역권을 이루었다.

북부 산간 지대는 개마고원을 비롯해 낭림산맥과 함경산맥 일대의 험준한 산악 지형으로 이루어져 있어 한반도에서 가장 추운 지역이자 평야도 적은 편이다. 다만 압록강과 두만강이 지금은 북한과 중국의 국경을 이루지만, 본래 두 강은 한반도 북부와 만주 남부의 산간 지대를 모두 품으며 수로를 통해 각 지역을 하나의 생활권으로 연결시켰다. 고구려 사람들이 한반도와 만주에 걸친 압록강 중상류를 바탕으로 세력을 키운 사실은 이를 잘 보여 준다.

이처럼 북녘 산하는 대륙을 향해 활짝 열려 있고, 만주와 접경을 이루는 함경도 해안 지대나 북부 산간 지대는 본래 만주 남부 지역과 같은 지

함경북도 경성 원수대 조개무지에서 출토된 번개무늬 토기 토기 바닥은 납작하고 아가리와 몸통에 무늬가 있다. 국립중앙박물관 제공

역권을 이루었다. 고조선, 고구려, 발해 등이 만주와 한반도에 걸쳐 판도를 확보한 데에는 이러한 자연환경이나 지정학적 요인이 크게 작용했다. 북녘 산하는 본디 대륙과 반도를 이어 주는 가교로, 이웃한 만주 중남부와 같은 지역권을 이루었던 것이다.

우리 역사와 떼려야 뗄 수 없는 곳, 만주

만주는 서북의 대싱안링(대흥안령)산맥, 동북의 소싱안링(소흥안령)산맥, 남쪽의 창바이(장백)산맥으로 둘러싸여 있다. 만주 한복판에는 랴오허강과 쑹화강이 흐르는데, 두 강을 가르는 분수령을 구분하기 힘들 정도로 대평원이 끝없이 이어진다. 대평원은 그 길이가 한반도보다 길어서 한반도에서만 산 우리로서는 쉽게 상상되지 않는다.

만주의 각 지역을 나누는 경계는 기후로 결정되었다. 가령 비교적 따뜻하고 강수량이 풍부한 만주 중남부에는 농경민인 예맥, 강수량이 적은 서북부에는 유목민인 선비나 거란 등이 각기 자리 잡았는데, 이들 경계는 만주 한복판의 대평원을 가로지르는 연강수량 500-600mm선이다.

필자는 2001년에 중국 랴오닝성 차오양에서 출발해 츠펑을 지나 랴오허강 상류를 따라 대싱안링산맥을 넘은 적이 있었다. 차오양을 출발할 때는 주변이 온통 옥수수밭이었는데, 츠펑을 지나며 관목 지대와 초원이 나타났다. 그러한 풍광을 몇 시간이나 달렸을까? 산모퉁이를 도는 순간 공기가

확 바뀌며 대초원이 나타났다. 산맥을 오른다는 느낌을 거의 받지 않고 대
싱안링산맥을 넘어 몽골고원에 들어섰던 것이다. 만주와 몽골고원을 가르
는 대싱안링산맥도 해발 2,000m를 넘나들지만, 경사가 완만해 산맥을 오
른다는 느낌을 받기 힘들 정도이다.

한편, 만주 동북부는 시베리아에 가까워질수록 기온이 낮아져 농사짓
기가 쉽지 않다. 이에 읍루, 물길, 말갈, 여진 등 이 지역에 살았던 주민들
은 주로 수렵과 어로로 생활했다. 다만 기후 변동과 함께 농경 한계선이 변

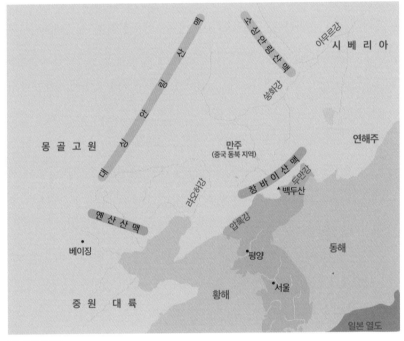

만주와 한반도

화하며 인구가 이동하기도 했다. 5세기 후반 물길이 만주 동부에서 중부로 진출한 것이 한랭화와 관련이 있다면, 발해가 만주 동부에서 융성한 것은 온난화의 가능성이 높다.

이처럼 만주는 각 지역마다 기후가 달라 농경민, 유목민, 수렵민 등 생업 활동을 달리하는 다양한 주민 집단이 어울려 살았다. 다만 각 지역 사이에는 산맥이 험준하지 않아 활발하게 교류할 수 있었다. 또한 대싱안링산맥이나 소싱안링산맥도 경사가 완만해 왕래하는 데 큰 장애가 되지 않았다. 반면 만주와 중원 대륙의 경계를 이루는 랴오닝 지역에는 험준한 산줄기가 해안까지 뻗어 있어서 육로를 통해 오고 가기가 쉽지 않다. 특히 랴오허강 하류에는 넓은 늪지대가 발달했는데, 654년에 당 태종이 고구려를 침공할 때 그 너비가 100km나 되었다고 한다.

이러한 지리적 요인으로 인해 신석기 시대나 청동기 시대만 하더라도 만주 지역에 살던 사람들은 중원 대륙보다 대싱안링산맥 너머의 몽골고원, 소싱안링산맥 너머의 시베리아, 남쪽의 한반도 지역과 더 활발하게 교류했다. 한국어의 문법 구조가 지금의 중국어와는 크게 다른 반면, 만주어·몽골어·부랴트어(러시아 자치 공화국 중의 하나인 부랴트 공화국에서 쓰는 언어) 등과 유사한 것은 이를 잘 보여 준다. 유라시아 대륙 전체를 놓고 본다면, 만주는 몽골고원, 시베리아 지역과 한반도를 잇는 가교였던 것이다.

이 가운데 만주 중남부의 예맥계 주민 집단은 랴오허강이나 쑹화강 유역을 터전 삼아 농경을 영위하며, 같은 농경 지대인 한반도 북부와 활발하

<조선 왕국 전도朝鮮王國全圖>

프랑스 지리학자 당빌(1697~1782)이 만든 서양 최초의 한국 전도이다. 산맥, 도 이름, 성곽 등
이 표시되어 있고, 한자를 중국식으로 읽은 지명을 기록했다. 독도(Chyan shan tau)와 울릉도
(Fang ling tau), 간도 지역이 우리나라 영역에 포함되어 있다. 대한민국역사박물관 제공

게 교섭했다. 이에 따라 만주 중남부는 지리적으로 만주에 속해 있었지만, 점차 한반도 북부 지역과 같은 문화권을 이루게 되었다. 고조선은 이러한 문화 기반을 바탕으로 만주의 요동(랴오닝) 지역과 한반도의 서북 지역을 아우르는 고대 국가로 성장했다.

고조선 멸망 이후 중원 대륙의 중국 왕조나 몽골고원의 유목 제국이 만주에 강한 영향력을 미치기도 했지만, 고구려는 예맥뿐 아니라 동호계나 읍루계 주민 집단의 일부까지 아우르며 만주와 한반도 일대에 독자 세력권을 구축했다. 고구려는 만주 지역의 각 종족뿐 아니라 중국 왕조나 유목 제국과 다양한 교섭을 펼쳤는데, 발해도 고구려의 이러한 면모를 계승했다. 고대 시기만 하더라도 만주 지역은 우리 역사의 중요한 무대였으며, 유라시아 대륙 각지와 교류하는 교두보 역할을 했던 것이다.

발해 멸망 이후 우리 역사의 무대가 한반도로 축소되고, 만주에는 거란이나 여진 등이 잇따라 흥기했다. 고려나 조선은 이들의 위협이나 침공을 받기도 했지만, 이들과 다양하게 교섭하며 문물을 주고받기도 했다. 더욱이 일제 강점기에는 수많은 동포가 만주로 건너가 황무지를 개간하고 교육 기관을 세우는 등 독립 의지를 다졌다. 이처럼 남북 분단 이전만 하더라도 만주 지역은 우리 역사와 매우 밀접한 관계를 맺었고, 그와 맞닿은 한반도는 그야말로 해양과 대륙을 동시에 품은 '반도'였다. 그리고 바로 그 중심에 대륙을 향해 활짝 열려 있으면서 한반도와 만주를 잇는 '북녘 산하'가 자리 잡고 있다.

02

북녘 최초의 나라, 고조선

박준형

북녘에 들어선 고조선은 우리나라 역사에 처음 등장하는 나라로, 고조선을 이어 다양한 국가들이 한반도에 들어서기 시작했다. 하지만 사료의 한계로 고조선에 대해 아는 것이 많지 않다. 특히 고조선의 역사에 대해 어떻게 인식할 것인지, 고조선의 중심지는 어디인지에 대한 논란은 아직도 계속되고 있다.

고조선 역사에 대한 인식 체계

고조선에 관련된 우리나라 기록으로 가장 오래된 것은 고려 충렬왕 때 승려 일연이 쓴 《삼국유사三國遺事》 기이편 고조선(왕검조선)조와 위만조선조이다. 이 기록에 따르면, 고조선은 중국 요임금 때인 기원전 2333년에 환웅과 웅녀 사이에서 태어난 단군왕검이 평양성에 세운 나라이다.

한편 일연과 같은 시기에 활동했던 이승휴가 저서 《제왕운기帝王韻紀》에 《단군본기檀君本紀》(단군의 행적을 기록했다는 문헌이지만 전해지지는 않는다.)를 인용한 것을 보면, 단군의 고조선 건국 사실이 고려 후기에 보편화되었다는 것을 알 수 있다.

이승휴가 정립한 '전조선(단군조선)→후조선(기자조선)→위만조선'의 3조선 인식 체계는 조선 전기에 왕명으로 편찬한 역사서 《동국통감東國通鑑》에 받아들이게 되면서 조선의 공식적인 고조선 인식으로 자리 잡게 되었다.

그러나 근대 역사학이 들어오면서 단군조선 시기의 실재성에 대한 회의적인 시각이 제기되고, 기자동래설(중국 은나라 기자가 동쪽으로 와서 기자조선을 세우고 왕이 되었다는 학설)이 부정되면서 전통적인 3조선 인식 체계가 무너졌다. 그래서 일반적으로 이성계가 세운 조선 왕조와 구별하기 위해 '고조선(古朝鮮)'이라고 부른다. 《삼국유사》처럼 위만조선 이전만 고조선이라는 견해도 있지만, 대체로 고조선이라고 하면 위만조선을 포함한 '옛 조선'의 의미로 쓰인다.

고조선의 시간적 범위와 중심지 문제

현전하는 고조선 관련 사료는 《삼국유사》에 실린 단군신화를 제외하면 대부분 중국 기록이다. 기원전 7세기 고조선과 산동(중국 산둥) 지역에 있던 제나라와의 교류 관계를 기록한 《관자管子》, 중국 전국 시기 고조선의 대략적 위치 정보를 알 수 있는 《전국책戰國策》, 고조선 위치를 전하는 《산해경山海經》, 고조선과 한나라와의 관계가 기록된 《사기史記》, 위만의 집권 과정 등을 보여 주는 《삼국지三國志》 위지 동이전 한조(韓條)에 인용된 《위략魏略》 등이다.

중국 기록을 통해 확인할 수 있는 고조선의 역사는 기원전 7세기 중반부터 기원전 108년 멸망 때까지이다. 그렇다면 기원전 7세기 중반을 고조선 역사에서 가장 오래된 시기로 볼 수 있을까? 이 시기는 중국의 문헌에 기록된 것으로, 중국인의 시각으로 걸러지고 쓰여진 기록이라는 것을 유념할 필요가 있다.

고조선 사람들은 문자로 기록을 남기지 않고 구전을 통해 기억했다. 고구려에서 동맹(東盟)이라는 제의를 통해 국가적으로 주몽 신화를 재현하고 구전했던 것처럼 고조선의 역사도 그러한 제의와 구전을 통해 전승되었을 것이다. 그 구전이 문자화된 것이 고려 시기였다.

고조선사에서 가장 논란이 많지만 아직 해결이 되지 않은 것이 영역과 중심지 문제이다. 고조선과 한나라의 경계였던 패수의 위치에 대해 난하(중국 허베성에 있는 롼허강), 대릉하(중국 랴오닝성 서부를 흐르는 다링허강), 요하

(중국 랴오닝성 중앙부에 있는 랴오허강), 혼하(랴오허강의 지류인 훈허강), 압록강, 청천강 등 다양한 견해가 제시되었다. 입장에 따라 고조선의 중심지에 대해서도 지금의 중국 랴오허강 서쪽을 기반으로 했다는 요서설, 랴오허강 동쪽을 기반으로 했다는 요동설, 지금의 평안남도 평양이 중심지였다는 평양설이 나왔다. 나아가 중심지가 고정된 것이 아니라 요령 지역에서 평

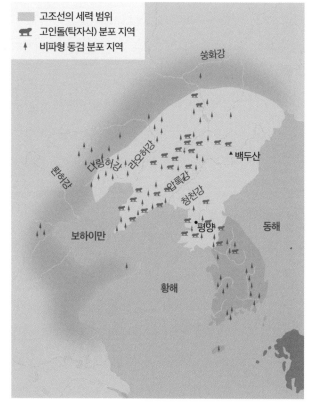

고조선의 문화 범위

양 지역으로 이동했다고 보는 이동설도 제시되었다.

해방 이후 북한과 중국 동북 지역의 발굴과 고고학자들의 지속적인 연구로, 고조선 시기인 청동기 및 초기 철기 시대 문화 양상이 구체적으로 드러나게 되었다. 후기 고조선의 문화로 보아 왔던 세형동검 문화가 비파형동검 문화를 계승·발전시킨 문화로 이해되면서 중국 동북 지역 비파형동검 문화를 고조선의 문화로 인식하게 된 것이다. 기원전 1000년대 전반기라는 전기 비파형동검 문화의 연대와 《관자》에 등장하는 기원전 7세기 고조선이 연결되면서 고조선의 영역과 중심지에 대한 논쟁이 새롭게 전개되었다.

기원전 1000년대 전반에 고조선이 요서에서 한반도 서북 지역까지 아우르는 거대한 영역을 가졌다고 보기는 어렵기 때문에 최근에는 '영역'보다는 '문화권'이라는 개념을 사용한다. 즉, 비파형동검 문화권의 범위를 고조선의 문화권으로 이해하는 것이다. 물론 비파형동검 문화의 범위와 주체를 어떻게 보느냐에 따라 고조선에 대한 이해 방식이 다르게 나타난다.

비파형동검 문화를 이끈 주체에 대해서는 문헌상 고조선의 주민 집단으로 보이는 예(濊), 맥(貊) 또는 예맥(濊貊) 등 다양한 견해가 있다. 그러나 단군신화를 살펴보면 의외로 간단하게 고조선의 주민 집단을 알 수 있다. 천신족(天神族)인 환웅은 하늘에서 내려와 곰을 숭상하는 곰족과 호랑이를 숭상하는 호랑이족 중에서 웅녀(熊女)로 대표되는 곰족과 결합했고, 그 사이에서 태어난 단군이 고조선을 건국했다. 《일본서기日本書紀》에는 고구려

비파형동검
국립중앙박물관 제공

세형동검
국립중앙박물관 제공

평안남도 평양에서 출토된 다뉴조문경
국립중앙박물관 제공

를 '맥'으로 쓰면서 '고마[熊, 곰]'라고 읽는데, 곰이 바로 맥족을 상징한다. 《삼국지》'예'에는 '제호이위신(祭虎以爲神)'이라고 하여 예족에서 호신(虎神)을 숭배했다고 기록되어 있다. 즉, 단군신화는 맥족과 예족 사이에서 맥족이 주축이 되어 고조선을 건국한 역사를 보여 주는 것이다. 이처럼 예맥 사회에서 가장 먼저 정치적으로 성장한 것이 고조선이고 그 문화가 비파형동검 문화였다고 한다면 비파형동검 문화의 주체는 바로 예맥이라고 할 수 있다.

비파형동검 문화는 권력을 상징하는 무기인 비파형동검과 지배자의 무적(巫的)·사제적(司祭的) 상징을 보여 주는 다뉴경(뒷면에 꼭지가 2~3개 달린 청동 거울)이 함께 나오는 특징이 있다. 이것은 공동체 구성원 간에 군사와 제사를 함께하는 융사(戎祀)공동체의 전형을 보여 준다. 이 공동체의 범위가 바로 비파형동검 문화의 범위와 대체로 일치하기 때문에 고조선 문화권 또는 예맥 문화권이라고 할 수 있다.

어떤 문화든 그 문화에는 중심이 있기 마련이다. 현재까지 전기 비파형동검 문화의 중심으로 비파형동검과 다뉴경이 가장 밀집되어 나타나는 곳이 바로 요서 대릉하(다링허강) 유역의 조양(차오양) 지역이다. 이곳에서 형성된 문화는 기원전 6세기~기원전 5세기에 요동 심양(선양) 지역으로 그 중심이 바뀌게 된다. 즉, 문화의 중심이 요서에서 요동으로 이동하게 되는 것이다. 그래서 최근에는 고조선의 중심지도 요서 조양 지역에서 요동 심양 지역으로 이동하게 되었다고 보는 견해가 설득력을 얻고 있다. 전자가 기원전 7세기 중반 고조선이 춘추 시대 제나라와 교류했을 때이고, 후자는 기원전 4세기 후반 고조선이 왕을 칭하면서 전국 시대 연나라에 대항했던 때일 것이다.

고조선은 중원의 여러 나라와 실리 외교를 맺었다

《관자》 소광편에는 제나라 환공이 산융(춘추 시대에 지금의 랴오닝성 서북부와 허베이성 동북부에서 세력을 떨쳤던 부족)을 치기 위해 고죽국까지 정벌하고 예맥에까지 이르렀다고 되어 있으나 실제로 예맥은 침략 대상에 포함되지 않았다. 예맥이 제후국인 고죽·영지와 함께 북주후(北州侯)의 일원으로 언급되었다는 점에서 당시 중원인들이 예맥을 북주후의 일원으로 인식했다는 것을 알 수 있다. 예맥 사회에서 가장 먼저 정치적으로 성장한 것이 고조선이었기에 고조선이 바로 북주후의 자격으로 제와 교류했던 사실을 알 수 있다.

제환공은 고조선과 문피(무늬가 있는 짐승가죽으로, 호랑이나 표범 가죽) 교역을 원했다. 환공이 제후들에게 사례할 때 최고급 문피가 필요했기 때문이었다. 나아가 제후들의 우두머리에서 천자의 지위를 얻기 위해서는 주변 나라의 조공이 반드시 필요했다. 이런 상황에서 제환공은 주변국의 조공과 문피의 수요라는 두 가지 문제를 고조선과 교역을 통해서 해결하고자 했다. 사료상에는 고조선과 제의 관계가 '조(朝)'로 나온다. 즉, 조공을 바치는 관계라는 것이다. 그러나 이것은 철저한 중원적 시각이다. 오히려 제나라 재상 관중은 고조선의 조공을 유도하기 위해 문피를 고가에 매입하기를 원했다. 이것은 조공이 아니라 조공의 형식을 가장한 대등한 교역이라고 할 수 있다.

고조선과 제의 교류는 요동반도와 산동반도를 잇는 해상을 통해 이루어졌다. 산동 지역에서 요동 지역의 주된 무덤 양식인 고인돌과 석관묘, 비파형동검, 부채 모양 도끼와 거푸집 등이 발견된 것은 고조선인들이 산동

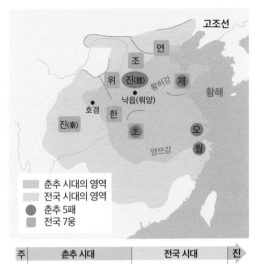

고조선

연
조
위 진(晉) 황하강 제
낙읍(뤄양) 황해
호경 한
진(秦) 초 오
양쯔강 월

춘추 시대의 영역
전국 시대의 영역
춘추 5패
전국 7웅

고조선과 춘추 전국 시대 중원

주 | 춘추 시대 | 전국 시대 | 진
기원전 770년 | 기원전 403년 | 기원전 221년

지역에 있던 제와 교류했던 흔적이라고 할 수 있다.

전국 시대에 중원의 나라들은 영역 국가로 성장했고, 각국의 제후는 후 (侯)·군(君)의 칭호를 버리고 왕이라는 칭호를 사용했다. 연나라가 기원전 323년에 왕을 칭하며 고조선을 공격하려고 하자 조선후(朝鮮侯)도 왕을 칭 하며 대응하려다가 그만두었다고 한다.

연의 고조선 공격과 관련하여 당시 연과 적대 관계에 있던 제를 주목할 필요가 있다. 전국 시대 초에 제는 산동반도의 대표적인 동이 세력인 내국 을 멸망시키고 산동반도를 완전히 장악하게 된다. 이러한 제의 부강을 가 장 두려워했던 것이 연이었다. 제의 공격으로 거의 멸망당할 지경이었던 때에 왕이 된 연의 소왕은 변법으로 힘을 키워 제를 공격했다. 이어서 동호와 고조선을 공격하자 제는 연을 압박하기 위해 고조선을 적극적으로 끌어들이려고 했다.

고조선은 연의 공격으로 요서와 요동 지역을 빼앗겼고, 연과 만번한을 경계로 맞닿게 되었다. 만번한은 천산산맥(톈산산맥) 서쪽 지역인 개주 위쪽에서 혼하(훈허강, 랴오허강 하류) 하류인 해성(하이청)과 영구(잉커우) 인근으로 추정된다. 연의 공격으로 고조선은 심양 지역에서 평양 지역으로 중심지를 이동할 수밖에 없었다. 그 결과 요동 지역의 세형동검 문화가 본격적으로 서북한 지역으로 들어왔다.

기원전 221년에 진(秦)이 중원 대륙을 통일했다. 《위략》에는 "진이 천하를 통일한 뒤에 몽염을 시켜서 장성을 쌓게 했는데 요동에 이르렀다. 이때 부(否)가 조선의 왕이 되었는데 진의 습격을 두려워하여 진에 복속했으나 조회하려고 하지 않았다."라고 되어 있다. 고조선과 진의 경계는 문헌상 뚜렷하지 않지만, 진의 화폐인 반량전과 무기가 압록강 서쪽 지역에서만 나타나는 것으로 보아 대체로 압록강을 경계로 추정한다.

진이 멸망한 뒤 한나라가 다시 중국을 통합하는 과정에서 진의 군현 지배 체제가 무너졌다. 이에 따라 군현으로 편입되었던 남월·동월·서남이 등이 모두 독립했고, 북방 지역의 흉노가 황하를 건너 하서 지역을 차지했다. 이러한 정세를 이용하여 고조선도 요동 지역을 회복했다. 이때 고조선과 한의 경계는 오늘날의 혼하로 추정되는 패수였다. 이 강을 경계로 고조선은 흉노와 국경을 맞대게 되었다.

한에서 반란을 염려해 한 왕실과 성이 다른 제후들을 제거하려 하자 연왕에 봉해진 노관이 기원전 195년에 흉노로 도망갔고, 이때 위만이 1,000여 명을 이끌고 고조선으로 망명했다. 준왕은 위만에게 100리 땅을 주면서 서쪽 변경을 지키게 했다. 위만은 세력을 키운 뒤 준왕을 공격해 고조선의 왕권을 탈취했다.

위만은 변방 오랑캐들의 노략질을 금하고 오랑캐의 군장이 한의 황제를 알현하고자 할 때는 막지 않겠다는 조건으로 한과 외신 관계를 맺었다. 위만은 그 대가로 병위(兵威)와 재물을 얻어 주변 세력을 복속했다. 위만은 복속 지역에 대해 기존 체제를 그대로 유지한 채 공납을 받는 간접 지배 체제를 유지했다. 고조선은 복속 지역으로부터 거두어들인 공납물을 이용해 한과 교역했다. 한이 대내외적으로 불안한 상황에서 외신 관계는 오히려 고조선의 성장을 촉진하는 결과를 낳았다.

기원전 128년에 예군 남려가 우거왕에 반대하여 휘하의 28만 명을 이끌고 한에 투항하자 한은 그 지역에 창해군을 설치했다. 예군 남려가 집단적으로 이탈한 것은 고조선이 교섭권을 장악하고 한과의 중계 무역을 통해 이익을 독점했기 때문이었다. 우거왕 때 조선상(朝鮮相)을 지낸 역계경 또한 자신의 건의가 받아들여지지 않자 2,000호를 이끌고 진국(辰國 한반도 중남부에 있던 나라)으로 갔다. 토착적 기반을 갖고 있던 최고 지배층이 집단적으로 이탈했다는 것은 고조선의 지배 체제가 흔들리고 있다는 것을 상징적으로 보여 준다. 한편 고조선은 한과 진국이 직접적으로 교류하지 못하도록 했다.

한이 본격적으로 고조선으로 관심을 돌린 것은 기원전 109년이다. 당시 고조선은 한의 망명자들을 계속 유인했으며 그 수가 점점 많아졌다. 또한 우거왕은 한나라 조정에 들어가지 않았을 뿐만 아니라 한반도 중남부의 소국들이 한나라 조정에 들어가는 것도 막았다. 즉, 우거왕은 외신의 의무를 하나도 지키지 않았다. 한은 사신 섭하를 보내 회유했으나 고조선은 끝내 이를 거부했다.

정치적 교섭이 실패하자 한은 고조선을 무력으로 공격해 고조선을 멸망시켰다. 그 뒤 고조선 지역에 낙랑·진번·임둔군을, 예맥 지역에 현도군을 설치했다. 고조선 멸망 이후 예맥 사회에서 성장한 고구려는 한의 군현 지배를 극복하며 고대 국가로 성장했다.

03

동북아 중심 국가 고구려의 군사력과 외교력

여호규

    고구려는 기원 전후에 건국해 668년에 멸망할 때까지 700년 가까이 존속했다. 그 사이 중원 대륙에서는 한에서 당에 이르기까지 무수한 왕조가 교체되었다. 북방 초원에서도 흉노, 돌궐에 이르기까지 수많은 유목 제국이 명멸했다. 고구려가 급변하는 국제 정세 속에서 장기간 동북아 중심 국가로 존속할 수 있었던 군사력과 외교력을 살펴보도록 하자.

만주와 한반도의 접경지대에 세워진 나라

고구려는 우리에게 독특한 이미지로 다가온다. 필자는 강연을 할 때마다 청중에게 고구려에 대한 이미지를 물어보곤 하는데, 언제 어디서든 비슷한 대답이 돌아온다. 중장기병으로 대표되는 '막강한 군사력', 광개토대왕으로 상징되는 '광활한 영토' 등 고구려는 우리 뇌리에 막강한 군사력을 바탕으로 광활한 영토를 개척한 나라로 각인되어 있다. 물론 고구려가 막강한 군사력으로 광활한 영토를 개척한 것은 엄연한 사실이지만, 이러한 이미지만 가진다면 고구려사를 제대로 이해했다고 할 수 없다. 보통 어떤 국가가 장기간 존속하기 위해서는 군사력, 경제력과 함께 국제 정세의 험난한 파고를 넘을 수 있는 외교 역량을 갖추는 것이 매우 중요하다고 한다.

고구려는 압록강 중상류에서 떨쳐 일어났다. 이곳은 험준한 산간 지대로 농사지을 들판은 넓지 않았지만, 만주와 한반도의 접경지대로 요동에서 동해안에 이르는 동서 교통로의 요지였다. 또한 압록강 연안은 넓지는 않지만 비옥한 평야가 곳곳에 펼쳐져 있고, 날씨가 비교적 따뜻하고 비도 많이 내리는 편이었다. 이 지역 주민들은 이러한 자연환경을 바탕으로 신석기 시대 이래 농업을 주업으로 삼아 생활했는데, 청동기 시대까지 뚜렷한 정치 세력을 형성하지는 못했다.

압록강 중상류에 살던 주민 집단은 기원전 3세기 말경에 철기 문화를 받아들인 뒤부터 정치적으로 성장하기 시작했다. 그런데 기원전 108년에 고조선이 멸망하고 중국 한나라가 이곳에 현도군을 설치하면서 한나라의 수탈을 받게 된다. 이에 이 지역 정치 세력들은 한의 수탈에 항거하며 결속력을 다져 현도군을 압록강 서북쪽으로 몰아내고, 점차 정치적 자립을 쟁취했다.

서기 1세기에는 한나라의 영향력을 완전히 차단하고, 압록강 중상류 전체를 통괄하는 나라를 세웠다. 이 과정에서 고구려는 군사력을 동원해 현도군을 몰아내는 한편, 한의 외교 정책에 탄력적으로 대응하는 외교 역량을 키웠다. 고구려가 건국 초기부터 군사력과 외교력을 겸비하기 시작한

오녀산성
중국의 랴오닝성 환인현에 위치한다. 사방이 깎아지른 절벽으로 둘러싸인 천혜의 요새지로 고구려 첫 번째 수도인 졸본성(홀본) 또는 졸본의 군사 방어성으로 비정된다. 오녀산성 주변에는 고구려 초기 사람들이 남긴 고분이 많이 남아 있다. 여호규 제공

것이다.

다만 건국 초기에는 계루부 출신
의 국왕이 여러 나부(고구려를 형성한
다섯 집단으로, 계루부·소노부·절노부·순
노부·관노부를 이른다.)의 대표와 함께
국가를 운영했다. 초기 국가 체제는
일종의 연맹체에 가까웠는데, 국왕이
여러 나부의 대표와 '제가회의'라는
회의체를 구성하여 국가 중대사를 결
정했다. 전쟁도 국왕이 각 나부의 군
사력을 동원하여 통제하는 형태로 수

초기 고구려

행했다. 아직 대규모 정복 전쟁을 하기는 힘든 상황이었던 것이다.

고구려는 만주와 한반도의 접경 지역이라는 지리적 장점을 살려 점진적
으로 영토를 넓혀 갔다. 당시 함경도 동해안 방면은 한나라의 영향이 거의
미치지 않았다. 이에 고구려는 개마고원 일대를 비롯해 두만강 유역, 함경
도 해안 지대 등을 차례로 점령해 나갔다. 또한 1세기 말에 후한의 지배 체
제가 흔들리자 현도군을 요동평원으로 몰아내고 요동 동부 산간 지대를
차지했다. 고구려가 국제 정세 변화를 예의주시하며 한반도와 만주 두 방
면으로 점차 세력을 넓혀 간 것이다.

한편 3세기 전반에 한나라가 붕괴하고, 중국은 위·촉·오의 3국으로 분

열했다. 세력을 확장할 좋은 기회였지만, 고구려는 왕위 계승 싸움을 하느라 이를 살리지 못하고 오히려 요동을 기반으로 세력을 키운 공손씨 정권의 공격을 받았다. 이에 고구려는 남중국의 오와 교섭하며 공손씨 정권을 견제하다가 북중국의 위와 협공해 공손씨 정권을 멸망시켰다. 그런데 고구려는 위의 동방 정책을 간파하지 못하고 공격을 받아 멸망 직전에까지 내몰렸다. 3세기 전반에는 중원 대륙의 여러 나라와 교섭하며 국제 교류를 다면화했지만, 국제 정세를 정확히 읽지 못해 여러 차례 위기를 맞았다.

만주와 한반도를 아우른 독자 천하를 건설하다

고구려 초기의 연맹 체제는 3세기 중반 이후 사회 변화로 해체되었다. 이에 고구려는 국왕을 정점으로 하는 중앙집권적 국가 체제를 정비했다. 일원적인 중앙 관제를 정비하는 한편, 정복 지역에까지 지방관을 파견하여 직접 지배하며 대규모 군사 동원 체계를 갖추었다. 마침내 국제 정세 변화에 능동적으로 대응할 수 있는 국가 체제를 갖춘 것이다.

이 무렵 동아시아 국제 질서는 종전과 전혀 다른 양상으로 전개되었다. 위나라 사마염이 낙양(뤄양)을 도읍으로 삼아 세운 서진이 무너지면서 오랑캐라고 불리던 흉노와 선비 등 주변 족속이 북중국 대륙을 장악하며 5호 16국이라는 역동적인 시대를 연출한 것이다. 이로 인해 동방 지역에 대한 중국 왕조의 지배력이 급격히 약해지자 고구려는 3세기 후반 이래 강화한 군사력을 바탕으로 대외 정복 활동을 활발하게 펼쳤다.

고구려는 313년부터 314년까지 낙랑군과 대방군을 점령해 고조선의 중심지였던 한반도 서북 지역을 장악했다. 또한 333년부터 336년까지 쑹화강 유역으로 진출해 부여의 중심부를 점령했다. 고구려가 중원 대륙의 분열을 이용해서 고조선의 옛 땅과 부여의 중심부를 장악하며 예맥을 통합하고 동북아의 중심 국가로 발돋움할 기반을 마련한 것이다. 다만 고구려는 요동을 둘러싸고 전연과 각축전을 벌였다가 패배했는데, 342년에는 전연의 침공을 받아 도성까지 함락되었다. 더욱이 전연은 북중국의 동반부를 장악한 다음 352년에 황제국을 선포했다. 전연이 총공격을 한다면 고구려는 엄청난 위기를 맞을 수 있는 상황이었다. 하지만 전연도 고구려라는 배후의 위험 요소를 안은 채, 중원 대륙의 동진이나 전진과 세력 다툼을 벌이기가 쉽지 않았다.

고구려와 전연 양국은 오랜 대립을 끝내고 상호 불가침조약을 맺기로 했다. 이에 고구려가 355년에 전연에 사신을 보내 전연을 황제국으로 인정하자, 전연도 고국원왕을 책봉하며 고구려 세력권을 인정했다. 양국이 4세기 이후 새롭게 형성된 다원적 국제 질서를 배경으로 서로의 국가적 위상과 세력권을 인정하는 형태로 조공·책봉 관계를 수립한 것이다.

이로써 고구려는 잠시 요동 진출을 미뤄야 했지만, 서방 국경 지대를 안정시키고 동방 지역에서 세력권을 구축할 토대를 마련했다. 광개토 대왕과 그 아들 장수왕 때의 활발한 정복 활동은 이를 실현하는 과정이었다. 그리

하여 고구려는 한반도와 만주 각지로 영역을 확장하며 신라와 부여를 속
국으로 거느리는 한편, 거란이나 숙신 등에 영향력을 미쳤다. 고구려가 중
원 대륙이나 북방 유목 국가와 뚜렷이 구별되는 독자적인 천하관을 형성
한 것이다.

　고구려는 이러한 독자적인 천하관의 이념적 기반을 건국 신화에서 빌려
왔다. 고구려는 하늘의 혈통을 이어받은 천손국으로, 가장 신성한 국가이
기 때문에 주변의 국가나 족속은 모두 고구려에 복속해야 한다는 것이다.

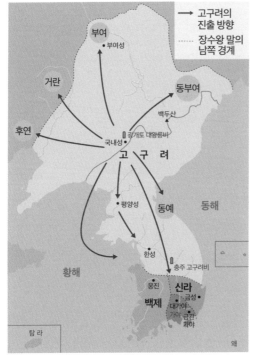

고구려의 전성기

고구려는 이러한 천손족 사상을 바탕으로 동방 지역에서 주변국에 차등적 외교 관계를 요구하며 자국 중심의 국제 질서를 수립했다. 고구려가 중원 대륙의 분열에 따른 다원적 국제 질서를 활용해 독자적인 천하를 건설하고, 동북아의 중심 국가로 부상한 것이다.

이에 따라 중원 왕조도 고구려의 위상을 인정할 수밖에 없었다. 북위는 주변국 가운데 고구려 왕에게 가장 높은 책봉호(冊封號)를 수여했다. 특히 504년에 고구려가 사신을 보내 '물길과 백제의 침공으로 부여의 황금과 신라의 옥을 조공으로 바치지 못했다.'라고 하자, 북위의 세종은 고구려가 오랫동안 동방 지역을 통솔해 왔으니 물길과 백제를 평정해 종전 질서를 회복하라고 했다. 북위가 고구려의 독자 세력권을 공인한 것이다. 고구려의 입장에서 본다면 북위와의 조공·책봉 관계를 통해 독자 세력권을 인정 받은 것인데, 고구려가 군사력과 함께 외교력을 발휘해 동북아 중심 국가로 부상했음을 잘 보여 준다.

수와 당의 거듭된 대규모 침공을 물리쳤건만

6세기 중엽에 접어들면서 고구려를 둘러싼 안팎의 정세가 급격히 변했다. 안으로는 안장왕이 죽은 뒤부터 왕위 계승을 둘러싼 내분이 벌어졌고, 왕권이 약해지면서 귀족 세력 사이에 치열한 권력 다툼이 일어났다. 밖으로는 신라와 백제가 연합한 나제 연합군의 공격으로 551년에 한강 유역을 잃었다. 서북방에서는 북위를 이은 북제가 고구려를 위협했다. 몽골고원에서도 돌궐이 유연을 무너뜨리고 새로운 유목국가를 세운 뒤 555년에 고구려 서북방으로 영향력을 미쳤다.

고구려는 그야말로 내우외환의 위기에 빠졌다. 귀족 세력이 권력 다툼만 벌이다가는 멸망할 수도 있었다. 이에 귀족 세력은 함께 멸망하는 것을 피하기 위해 권력 다툼의 규칙을 정했다. 여러 귀족 세력이 3년마다 정치적 타협이나 무력 대결을 통해 최고 실권자인 대대로를 뽑는 '귀족 연립 체제'를 수립한 것이다. 고구려는 귀족 연립 체제 수립을 통해 국제 정세 변화에 대응할 국가적 역량을 다시 결집할 수 있었다.

그런데 6세기 중반 이후 변화를 거듭하던 국제 정세가 580년대 중후반에 새로운 국면으로 접어들었다. 수나라가 돌궐을 분열시키는 한편, 589년에는 남중국의 진을 멸망시키고 중원 대륙을 재통일한 것이다. 통일 제국 수는 자국 중심의 일원적 국제 질서를 세우려고 했다. 이에 따라 다원적 국제 질서를 활용해 독자적인 천하를 건설했던 고구려는 수와 대결할 수밖에 없었다.

수는 중원 대륙을 통일한 직후에는 고구려의 세력권을 인정하는 듯한 태도를 취했다. 이에 고구려는 수와 외교 관계를 정상화하는 한편, 휘하의 말갈이 수에 사신을 보낼 수 있도록 허락했다. 그런데 수는 요서 지역에 군사적 거점을 마련한 다음, 고구려 서북방에 있던 거란·해·습·실위 등을 포섭해 나갔다. 수가 고구려 서북방으로 진출하여 몽골고원으로 나아가는 교통로를 막는 봉쇄 정책과 함께 고구려 휘하의 말갈을 이탈시키려는 분열책을 구사한 것이다.

고구려는 외교 관계 개선만으로는 이 위기를 타개하기 힘들다고 판단했다. 이에 598년에 말갈 병사 1만 명을 동원해 요서 지역을 선제공격하며 수의 의중을 떠보았다. 수는 기다렸다는 듯이 30만 대군을 동원해 고구려를 침공했다. 수는 장마와 전염병으로 퇴각해야 했지만, 이후에도 자국 중심의 일원적 국제 질서를 구축하려는 정책을 포기하지 않았다.

600년대에 접어들며 국제 정세는 고구려에게 더욱 불리해졌다. 수의 분열책과 공격으로 돌궐 세력이 궤멸한 것이다. 이제 고구려가 서북 방면으로 세력을 확장하거나 돌궐 등과 연합해 수를 견제하는 것이 거의 불가능해졌다. 더욱이 문제를 이어 황제가 된 양제는 '사방의 오랑캐를 토벌하겠다.'라는 기치를 내걸고 거란을 비롯해 베트남 지역의 임읍, 티베트고원의 토욕혼 등을 차례로 정복했다.

고구려는 수에 맞서느냐 굴복하느냐 선택의 갈림길에 놓이게 되었다. 수에 굴복하는 길을 택하면 돌궐처럼 궤멸당할 위험이 높았던 고구려로서는 수에 맞설 수밖에 없는 상황이었다. 이때 고구려가 선택한 대외 정책은 '바보 온달' 이야기에 잘 담겨 있다. 온달은 출정에 앞서 '계립령과 죽령 서쪽을 찾지 못하면 돌아오지 않겠다.'라는 말을 남겼다고 한다. 계립령과 죽령은 모두 소백산맥에 있는 고개로, 이 고개를 통해 한강 유역에서 신라로 넘어갈 수 있었다. 실제 온달은 아단성(아차산성)에서 신라군과 싸우다 전사했는데, 시신이 움직이지 않아 평강공주가 직접 와서 겨우 시신을 옮겨 장사 지냈다고 한다. 이 이야기는 종전의 독자 세력권을 회복해 수에 맞서겠다는 고구려인의 염원이 얼마나 강렬했는지 잘 보여 준다.

고구려는 이러한 염원을 바탕으로 전시 총동원 체제를 구축한 다음, 산성 중심의 군사 방어 체계를 활용해 청야수성전술(들판에 곡식 한 톨 남기지 않고 성안으로 들어가 적에 맞서 장기간 농성하는 전략)과 유인전술을 펼쳐 612년에 수의 100만 대군을 물리쳤다. 을지문덕 장군이 수의 별동대를 평양성까지 유인하여 독안에 든 쥐 신세로 만든 다음, 퇴각하는 수군을 청천강에서 전멸시킨 살수대첩은 이를 잘 보여 준다. 수양제는 고구려의 방어 체계나 전략 전술도 제대로 파악하지 못하고, 천하 평정이라는 야욕에 눈이 멀어 613년과 614년에 거듭 고구려를 침공했다가 모두 실패했다. 수의 침공을 물리친 고구려는 수 중심의 일원적 국제 질서를 구축하려는 야욕을 꺾었고, 결국 수는 고구려 정벌의 후유증을 이겨 내지 못하고 농민 반란이 중원 대륙을 휩쓰는 가운데 618년에 멸망했다.

수를 이어 당이 건국되었지만, 중원 대륙 곳곳에는 여러 세력이 할거하고 있었다. 중원 대륙 주변에서는 동돌궐이나 토욕혼 등이 다시 세력을 떨쳐 유목 제국을 재건했다. 고구려의 수군 격퇴가 국제 질서를 종전의 다원적인 상태로 되돌린 것이다. 이에 따라 당은 주변국에 대해 강경한 대외 정책을 구사하지 못하고, 강온 양면 전략을 펼칠 수밖에 없었다. 고구려도 당에 유화책과 강경책을 병행하면서 공존의 가능성을 타진했다. 이 과정에서 고구려 귀족 세력들은 당에 대한 대외 정책을 둘러싸고 온건파와 강경파로 갈라졌다. 그 시기 당은 중원 대륙의 여러 세력을 평정하고, 동돌궐이나 토욕혼 등 주변국들을 차례로 제압하면서 당 중심의 일원적 국제 질서를 구축하고 있었다. 물론 고구려에 대해서도 강경한 자세로 돌변했다.

고구려는 당에 맞서느냐 굴복하느냐 다시 선택의 기로에 서게 되었다. 대당 정책을 둘러싸고 강경파와 온건파의 대립이 깊어지는 가운데, 강경파의 거두인 연개소문이 쿠데타를 일으켜 642년에 정권을 장악했다. 대당 강경책을 명분으로 권력을 장악한 연개소문은 천리장성을 축조해 국경 지대의 군사 방어 체계를 더욱 강화하고, 이를 바탕으로 복속된 말갈의 이탈을 방지하는 한편 당의 조종을 받던 거란의 침공을 저지했다. 한반도 남부에서는 백제와 연합해 신라를 협공하는 한편, 바다 건너 왜와도 외교 관계를 강화했다. 또한 몽골고원을 지배한 설연타와 연계를 도모하고, 멀리 중앙아시아까지 사신을 보내 당을 견제할 세력을 찾았다. 이때 고구려 사신의 모습을 우즈베키스탄 동부 사마르칸트 북부에 있는 고대 유적지 아프라시아브(아프로시요브) 궁전 벽화에서 찾아볼 수 있다.

연개소문은 이러한 대외 정책을 통해 645년에 당 태종의 대규모 침공을 물리치고 고구려의 국제적 위상을 크게 높였다. 그렇지만 연개소문은 신라의 구원 요청을 거절함으로써 남쪽 국경 지대를 안정시킬 기회를 놓쳤다. 더욱이 648년에 신라와 당이 동맹을 맺으면서 남북 양쪽에서 나당 연합군의 협공을 받았다. 당나라 군대가 신라로부터 군량미를 제공 받으며 장기

간 군사 작전을 수행함에 따라 산성 중심의 방어 체계에 기반을 둔 고구려의 전략 전술이 엄청난 타격을 받게 된 것이다.

대당 강경책을 명분으로 삼은 연개소문의 쿠데타가 탄력적인 대외 정책의 추진을 가로막았다. 결국 고구려는 연개소문 사후 귀족 세력의 내분이 격화되는 가운데 나당 연합군의 협공을 받아 668년에 멸망하고 말았다. 고구려가 수와 당의 거듭된 침공을 물리쳤건만, 급변하는 국제 정세에 대응할 새로운 외교 정책을 수립하지 못하고 역사의 뒤안길로 사라지게 된 것이다.

고구려는 다원적 국제 질서를 활용해 독자 세력권을 구축했던 과거의

<아프라시아브 궁전 벽화>에 묘사된 고구려 사신
이 벽화는 1965년에 옛 사마르칸트 지역에서 발굴되었으며, 아프라시아브에 자리한 소그디아나 궁전에 온 각국 사절단이 왕을 만나는 모습을 그린 것이다. 서쪽 벽화에서 고구려 특유의 복식인 조우관(鳥羽冠, 좌우에 새의 깃털을 꽂은 모자)을 쓰고 환두대도(環頭大刀, 손잡이 끝부분이 둥근 칼)를 찬 고구려 사신 두 명의 모습을 확인할 수 있다. 고구려 사신들은 당나라를 견제하기 위해 연개소문이 보낸 밀사였을 것으로 보인다. 동북아역사넷 제공

영광에 사로잡혀 수와 당에 맞서는 외교 정책만 펼치다가 마침내 멸망의 길을 걷게 되었다. 이는 종전의 경직된 국제 인식을 바탕으로 새로운 국제 정세에 대응하는 것이 얼마나 위험한지를 잘 보여 준다. 종전의 풍부한 외교 경험을 살리는 것은 중요하지만, 급변하는 국제 정세에 제대로 대응하기 위해서는 보다 거시적 안목으로 국제 질서의 추세를 내다보며 새로운 상황에 맞는 외교 정책을 끊임없이 모색해야 한다.

04

고구려 옛 땅에 세운 나라, 발해

김종복

고구려가 망한 지 30년 만에 대조영이 고구려 유민과 북쪽 지역의 말갈을 규합해 고구려 옛 땅에 새로운 나라 발해를 세웠다. 발해는 활발한 정복 전쟁과 대외 정책을 펼쳐 서로는 압록강 유역, 동으로는 연해주 남부에 이르는 지역을 영토로 삼았다. 하지만 남북국 시대를 이끌었던 신라와 발해의 관계는 소원했다. 발해의 발전 과정과 신라와의 관계를 알아보자.

고구려 유민이 역경을 뚫고 세운 발해

고구려는 후기에 전국을 5부 176성으로 조직했다. 5부는 수도인 평양성 지역을 포함하여 국내성(중국 지린성 지안) 지역, 요동성(중국 랴오닝성 랴오양) 지역, 부여성(중국 지린성 눙안) 지역, 책성(중국 지린성 옌지) 지역 등 5개 권역을 가리키며, 각 권역 아래 주요 거점들에 176성을 설치했다.

고구려는 668년에 나당 연합군에 멸망당했다. 당은 이 넓은 지역을 9도독부 42주 100현이라는 당의 지방 제도로 새로 재편하고 각 단위의 최고 관직인 도독·자사·현령을 당에 협조적인 고구려인으로 임명했다. 그리고 상급 통치 기관으로 안동 도호부를 평양성에 두었다. 당은 이러한 지배 방식을 660년에 멸망시킨 백제에도 시행했는데, 백제와 달리 고구려에는 지방에까지 당 관리를 파견하여 지방관을 감독하도록 했다. 즉 백제에 비해 고구려를 직접 지배하려는 의도가 강했던 것이다.

나라가 망한 뒤 고구려 유민의 처지는 고구려 땅에 남아서 당의 지배를 받거나 다시 고구려를 일으키는 부흥 운동을 하거나 당에 끌려가거나 신라나 말갈 지역으로 피신하는 등 다양했다.

669년 2월에 보장왕의 아들 안승이 신라로 망명하자, 당은 곧바로 고구려 유민 3만여 호를 당나라로 강제 이주시켰다. 이들은 주로 당과의 격전지였던 평양성과 국내성, 요동성 지역에 거주하던 유력자였다. 당은 평양성과 국내성 일대 유민은 바닷길로 내주(중국 산둥성 라이저우), 요동성 지역 유민은 육로로 영주(중국 랴오닝성 차오양)에 일단 집결시켰다가 당의 남부와

영주 고구려의 영역이었던 영주는 고구려가 멸망한 뒤 고구려 유민들의 거주지였다.

서부 변경 지대로 분산시켰다. 고구려 유민은 당이 강압적으로 지배하며 강제 이주까지 시키자 반발하기 시작하였다. 670년 4월에 검모잠이 평양 부근에서 반당 투쟁의 기치를 올리고 신라로 내려와 안승을 왕으로 추대 했다. 뒤이어 안시성(중국 랴오닝성 하이청)과 부여성에서도 반당 투쟁이 일어 나자, 당은 대규모 군대를 파견하여 토벌에 나섰다.

　이 무렵 신라는 옛 백제 지역의 통치를 놓고 당이 설치한 웅진 도독부와 대립하고 있었기 때문에 남쪽으로 내려온 고구려 유민을 지원했다. 신라 문무왕은 670년 6월에 안승을 고구려 왕으로 책봉하고, 671년 8월에는 웅 진 도독부를 점령하며 당과 전면전에 나섰다. 초반에 당에 밀렸던 신라는

675년 9월 매소성 전투와 676년 11월 기벌포 전투에서 전세를 역전시켰다. 그 결과 안동 도호부에도 변화가 생겼다. 당은 676년 2월에 안동 도호부를 평양성에서 압록강 너머 요동성으로 옮기는 한편 지방관을 감독하던 당 관리들도 본국으로 철수시켰다. 677년 2월에는 안동 도호부를 다시 신성 (중국 랴오닝성 푸순)으로 이동시키는 한편, 당의 수도 장안으로 끌고 온 보장왕과 당의 변경 지대로 강제 이주시켰던 고구려 유민을 요동성으로 귀환시켰다.

나당 전쟁의 패배 이후 당은 고구려 전역에 대한 직접 지배를 포기하고 보장왕을 통해 요동 지역만이라도 확보하려고 하였다. 그러나 보장왕은 당의 꼭두각시가 되기를 거부했다. 681년 보장왕은 고구려 유민은 물론이고 주변의 말갈까지 동원하여 고구려 부흥을 도모했다. 말갈은 오랜 기간 고구려 편에서 수·당과 맞서 싸웠기 때문에 고구려 멸망 후에는 그 처지가 고구려 유민과 다르지 않았다. 그러나 보장왕은 부흥 계획이 사전에 발각되어 다시 당으로 소환되었고, 고구려 유민도 강제 이주되었다.

이때 고구려 유민인 걸걸중상과 그 아들 대조영, 말갈 추장인 걸사비우가 중간 경유지인 영주에 머무르게 되었다. 영주는 당의 동북 방면 요충지로, 그 부근에는 거란이 집단으로 거주하고 있었다. 때마침 심한 기근이 들었는데 영주 도독은 거란을 차별하고 멸시했다. 그래서 696년 6월에 거란 추장 이진충이 군사를 일으켜 영주를 점령하였고, 하북 지역까지 세력을 뻗쳤다. 이진충의 난은 고구려 유민에게도 좋은 기회였다. 거란이 동쪽

으로 안동 도호부를 공격할 때 걸
걸중상과 대조영, 걸사비우도 적극
동참했고, 거란의 기세가 꺾이자
이들은 요동 지역에서 독자적인 세
력을 구축했다. 여기에 안동 도호
부 지배 아래 있던 고구려 유민까
지 규합한다면 고구려의 부흥은
시간 문제였다.

당은 697년에 장안에 있던 보장
왕의 손자 고보원을 내세워 이 지

천문령 전투와 발해 건국

역을 다스리도록 하는 한편, 걸걸중상과 걸사비우도 그 밑에 들어오도록
회유했지만 이들은 당의 이간책을 거부했다. 결국 당은 거란 출신 장수 이
해고를 파견하여 토벌에 나섰다. 첫 전투에서 말갈을 이끌던 걸사비우가
전사했고, 대조영의 아버지 걸걸중상도 이 무렵에 죽었다. 대조영은 고구
려 유민과 말갈을 규합해 당의 군대를 천문령(중국 지린성 하따링)에서 크게
무찔렀다. 요동까지 잃을까 우려한 당은 계속해서 대조영 세력을 토벌하려
고 했다. 따라서 대조영은 천문령 전투에서 승리했음에도 불구하고 동쪽
으로 달아날 수밖에 없었고, 고구려가 망한 지 30년 만인 698년에 동모산
(중국 지린성 둔화의 성산자산성)에서 스스로 진국왕(振國王)이라고 칭하며 나라
를 세웠다.

동모산 698년 대조영이 발해를 세운 뒤부터 3대 문왕이 도읍을 옮길 때까지 발해의 수도였다.

발해사의 전개 과정

진국 건국을 전후한 698년 6월에 안동 도호부는 안동 도독부로 강등되었다. 당이 고구려 전역에서 요동 지역으로 지배 범위가 축소되었다는 현실을 인정한 것이다. 또 다른 고구려 주요 지역이었던 평양성을 포함한 한반도 서북부 지역은 나당 전쟁 뒤 신라와 당의 완충 지대가 되었다.

한편 대조영이 나라를 세운 근거지인 동모산은 과거 고구려의 5개 권역 중 책성 지역에 가까운 곳이었다. 따라서 대조영은 이를 중심으로 요동성 지역과 평양성 지역을 제외한 지역, 즉 서쪽으로 압록강과 혼강, 북쪽으로 송화강(쑹화강) 상류, 동쪽으로 함경도 일대까지 세력을 확장해 나갔다.

대조영은 건국 직후 당과 대립하던 돌궐과 신라에 사신을 파견했다. 당은 안동 도호부의 통제를 벗어나 독립한 진국을 인정하지 않고 미개한 '말갈'로 불렀다. 그렇지만 당은 동북 방면의 요충지인 영주를 거란으로부터 탈환하기 위해서는 거란 배후에 위치하면서 세력을 확장해 나가는 진국과 우호 관계를 맺어야 했다. 진국도 당으로부터 체제를 보장받는 것이 절실했기 때문에 713년에 당 현종이 대조영을 좌효위대장군·홀한주도독·발해군왕에 책봉하는 형식을 통해 당과 국교를 수립했다. 이때부터 '발해'라는 국호를 널리 쓰기 시작했다.

719년에 즉위한 무왕 대무예는 아버지 대조영에게 '고왕'이라는 시호를 올리고 '인안'이라는 연호를 썼다. 발해는 당의 책봉을 받았지만 독립적인 자세를 취했던 것이다. 무왕은 동북쪽으로 영역을 확장하며, 불열·월희·철리 등 말갈 부족을 복속해 나갔다. 이에 위협을 느낀 흑수 말갈은 당에 관리를 파견해 달라고 요청했다. 흑수 말갈과 당의 결탁이 발해를 공격하기 위한 것이라고 판단한 무왕은 726년에 흑수 말갈을 토벌하려고 했다. 그런데 무왕의 동생 대문예가 당과 전쟁을 치를 것을 우려해 반대하다가 당으로 망명했다. 대내외적인 위기 상황에서 무왕은 727년에 일본과 국교를 맺었다. 이때 보낸 국서에 '발해는 고구려의 옛 땅을 회복하고 부여의 풍속을 간직하고 있다.'라고 하여 고구려 계승 의식을 적극적으로 드러냈다.

흑수 말갈을 토벌한 후 무왕은 몇 차례나 당에 대문예의 송환을 요구했으나 거절당했다. 더구나 728년에 당에서 숙위 중이던 무왕의 아들이 죽으면서 양국 간에는 외교 갈등이 고조되었다. 이 무렵 발해는 돌궐과 거란이 당과 대립하는 상황을 이용해 732년에 수군을 파견하여 당의 등주(중국 산둥성 평라이)를 공격했다. 이듬해 당은 신라와 함께 발해를 공격하였으나 실패했다. 그러나 돌궐이 쇠퇴하고 거란이 당에 항복한 반면 신라가 발해를 공격하려고 하는 등 국제 정세가 좋지 않자 발해도 당과 화해하지 않을 수 없었다.

737년에 즉위한 문왕 대흠무는 당의 예법을 수용해 다시 당 중심의 국제 질서에 편입하겠다는 의사를 드러냈다. 문왕은 대당 관계의 안정 속에서 주변의 말갈을 지배 체제 안에 편입시켜 나갔다. 앞서 무왕은 732년 무렵에 동모산에서 현주(나중의 중경, 지금의 중국 지린성 허룽)로 천도했는데, 문왕은 756년에 다시 상경(중국 헤이룽장성 닝안 지역), 785년 무렵에는 다시 동경(중국 지린성 훈춘)으로 천도했다. 잦은 천도는 지배 체제가 완비되지 않은 상황에서 넓은 영역을 통치하기 위한 수단이었다. 이 과정에서 3성 6부의 중앙 정치 제도와 5경 15부 62주의 지방 통치 제도의 기초가 마련되었다. 발해의 발전을 인정한 당은 762년에 문왕을 발해국왕으로 올려 책봉했다.

그러나 57년간 통치하던 문왕이 793년에 죽은 뒤부터 818년에 선왕 대인수가 즉위할 때까지 발해는 25년간 왕이 6명 교체되는 내분을 겪었다. 이 기간에 지방에 대한 통제력도 약화되어 월희·우루·흑수 등 여러 말갈 부족이 독자적으로 당과 교섭했다. 선왕은 발해의 내분을 끝내고 왕권을 강화하는 한편, 말갈 부족들을 정복하여 다시 발해의 통제 아래 두었다.

할아버지 선왕의 뒤를 이어 발해의 11대 왕이 된 대이진(이때부터 시호가 전하지 않음.)은 당의 문물제도를 적극적으로 수용하여 중앙 집권 체제를 강화해 나갔다. 그는 당의 최고 교육기관인 국자감에 유학생을 파견했으며, 나중에 이들을 재상으로 발탁했다. 발해의 중앙 정치 제도인 3성 6부와 지방 통치 제도인 5경 15부 62주는 이 무렵에 완비되었다. 또한 794년에 다시 수도로 삼은 상경도 당의 장안성을 본떠 규모를 대폭 확대하고 궁성, 내

발해 상경 용천부 옛터
지금의 중국 헤이룽장성 닝안에 있다. 상경성은 궁성, 내성, 외성으로 둘러싸여 있었으며, 궁성 안에는 5개 궁전이 있었다. 궁성 아래로는 3성 6부의 관청이 들어선 내성이 있었고, 그 바깥으로 주민들의 거주지를 둘러싼 외성이 있었다.

성, 외성의 체제를 갖추었다. 전성기의 발해 모습을 보고 당은 동쪽에서 문물제도가 융성한 나라라는 의미로 '해동성국(海東盛國)'이라고 불렀다.

북국 발해와 남국 신라의 관계

발해는 동남쪽으로 이하(용흥강, 함경남도 동부를 흐르는 강)를 경계로 신라, 동북쪽으로 송화강을 경계로 흑수 말갈, 서북쪽으로는 요하 상류에서 거란과 접하고 있었다. 발해는 서남쪽으로 장령부와 압록부를 설치했다. 그 너머 지역, 즉 요동성 지역과 평양성 지역은 안동 도호부가 폐지된 이후 고구려 유민 일부가 자치를 누리고 있다가 점차 쇠퇴했다. 그렇지만 발해는 당나라와 충돌을 피하기 위해 이 지역을 영토로 삼지는 않았다.

사방 5,000리에 걸친 넓은 영토에 발해는 수도인 상경을 중심으로 중경·동경·서경·남경 등 5경을 설치하고 그 아래 15부 62주를 설치하였다. 그중 동경 용원부, 남경 남해부, 서경 압록부, 장령부, 부여부는 각각 일본, 신라, 당, 영주, 거란으로 가는 교통로를 관장했다. 이 중 신라로 가는 교통로를 관장하는 남경 남해부(함경남도 북청)는 북쪽으로 동경 용원부를 거쳐 상경 용천부로 연결되었다. 그래서 동경에서 신라 천정군(함경남도 문천) 사이에는 39역이 설치되었다. 이처럼 신라와 발해 사이에는 상설적인 교통로가 있었음에도 불구하고 양국 간에 사신이 왕래한 기록은 3회뿐이었다. 발해가 당과 일본에 사신을 파견한 횟수가 각각 129회와 34회인 것과 비교하면, 아무리 사료가 누락되었다고 하더라도 신라와 발해의 관계는 적대적이거나 소원했던 것으로 보인다.

대조영은 건국 직후에 돌궐뿐만 아니라 신라에도 사신을 파견했고, 신라 효소왕은 대조영에게 5품 관등인 대아찬을 제수했다. 이때 신라는 전쟁 이후 서북쪽으로 임진강을 경계로 당과 냉전 상태였기 때문에 발해에 우호적이었던 것이다. 한편 당은 거란을 견제하기 위해 발해와 국교를 맺었지만, 발해는 연호 사용에서 보이듯이 친당 일변도는 아니었다. 그래서 당은 신라에 발해를 견제하도록 했다. 신라는 이 기회를 이용하여 서북쪽으로 임진강을 넘어 예성강까지 진출하는 한편, 발해의 세력 확장에 대비해 721년에 북쪽 국경에 장성을 쌓았다. 733년에 당의 요구로 발해를 공격했

발해의 5경과 교역로

던 신라는 패강(대동강)에 군대를 주둔시켜 발해를 대비하겠다고 당에 요청해 736년에 허락을 받았다.

이처럼 당과 발해의 긴장 관계를 이용하여 대동강까지 진출한 신라는 당과는 활발한 교류를 하며 친선 관계를 지속한 반면 발해와는 그렇지 않았다. 그렇지만 신라는 790년과 812년 두 차례 북국(北國), 즉 발해에 사신을 파견했다. 발해는 785년부터 794년까지 동경에 도읍했는데, 동경에서 신라 천정군으로 연결되는 도로는 양국 관계가 평화로울 때에는 교통로가 되지만 위태로울 때에는 공격로가 될 수 있었다. 따라서 신라는 발해의 의도를 파악하기 위해 두 차례나 사신을 파견했던 것이다. 그러나 발해는 상경을 다시 수도로 삼은 뒤에 동북 경영에 치중하느라 남쪽의 신라에 대해서는 소극적이었다. 신라 역시 826년에 패강에 장성을 축조해 발해의 침입에 대비했다.

897년에 당 조정에 간 발해 사신은 발해의 국력이 신라보다 우위에 있으니 신라 사신보다 윗자리에 배치해 달라고 요구했다. 당은 신라와의 오랜 친선 관계를 이유로 발해의 요구를 거부했다. 이에 신라는 당의 조치에 감사하는 표문을 보냈다. 906년에는 당에서 외국인을 대상으로 하는 과거시험인 빈공과에 신라 학생 최언위가 발해 학생 오광찬보다 높은 성적으로 합격했다. 그러자 오광찬의 아버지이자 당에 사신으로 간 재상 오소도는 자신이 과거에 신라 학생보다 높은 성적으로 합격한 사례를 들어 등수 변경을 요구했다. 하지만 당은 이번에도 신라 편을 들었다.

《발해고渤海考》
조선 후기 학자 유득공이 1784년에 발해의 역사와 문화에 관해 쓴 역사서이다. 국립중앙도서관 제공

신라와 발해가 소원하면서도 서로 경쟁한 이유는 신라가 나당 전쟁 이후 백제 유민은 물론이고 고구려 유민까지 받아들임으로써 삼한, 즉 삼국을 통일했다고 자부한 반면, 발해는 고구려 계승을 내세웠기 때문이다. 고구려 유민이 고구려 옛 땅에 세운 발해의 등장은 삼국을 통일했다는 신라의 자부심을 전면적으로 부정하는 것이었다. 그래서 신라도 당처럼 발해를 미개한 '말갈'로 부르며 적극적인 교류를 꺼렸던 것으로 보인다.

남쪽의 신라가 후삼국으로 분열된 926년에 발해는 거란에 멸망했다. 발해 유민 10여만 호가 망명해 오자 후삼국을 통일한 고려는 이들을 동족으로 우대했다. 고려를 뒤이어 들어선 조선은 4군 6진을 개척해 발해의 서경 압록부와 남경 남해부, 동경 용원부 일부 지역을 차지했다. 그렇지만 조선 전기에는 신라를 정통으로 여기고 발해를 주변국의 역사로 간주했다.

이러한 신라 정통론에 반발해 조선 후기의 실학자 유득공은 신라와 발해가 공존한 시기를 남북국 시대로 불러야 한다고 주장했다. 일제 강점기를 전후해 민족주의 역사가들도 유득공의 주장에 동조하면서도 고구려 유민이 세운 발해를 광복의 역사적 사례로서 주목했다. 반면 일제 식민 사학자들은 고구려와 발해를 한국사와 무관한 만주사로 보았고, 이러한 인식은 중국의 동북공정으로 이어졌다. 오늘날 우리에게 남북국 시대론은 과거 일제와 현재 중국의 주장을 비판하는 논리적 근거를 제공할 뿐만 아니라, 남북이 서로 분단되어 대립하는 현재의 상황을 되돌아보게 한다.

05

개성의 호족,
고려를 건국하다

박재우

    왕건 가문은 신라의 외곽 지역인 송악(개성)을 기반으로 해상 활동을 통해 호족이 되었고, 궁예의 중앙 정부에 참여함으로써 정치적으로 크게 성장했다. 왕건은 고려를 건국하고 후삼국 통일 전쟁에서 승리해 우리 민족을 통합했다. 신라와 달리 지방 세력이 중앙 정치에 참여하는 나라를 만들었고, 〈훈요십조訓要十條〉를 제시하여 고려 왕조의 이념적 기초를 놓았다.

호족, 신라 말 역사의 무대에 등장하다

신라 말부터 고려 초까지의 사회 변동은 한국사의 전개 과정에서 커다란 의미가 있다. 무엇보다 신라 사회의 운영 원리였던 골품제가 무너졌다는 것이다. 신라의 중앙 정치는 골품제의 원리를 바탕으로 운영되어 골품의 지위에 따라 임명되는 관등과 관직의 상한이 제한되었고, 아무리 능력이 뛰어나도 골품의 한계를 벗어날 수 없었다. 진골만이 5등급 이상의 관등을 받았고 그들 중에 재상을 선발해 진골 위주로 국가를 운영했다. 게다가 골품제는 경주의 지배층을 대상으로 하는 제도였으므로 지방 세력은 중앙 정치에 참여하지 못했다. 골품제의 폐기는 이러한 정치 운영 원리가 더 이상 작동하지 못하게 되었음을 의미한다.

골품제의 원리에 따라 운영된 신라는 후기로 갈수록 다양한 문제를 드러냈다. 중앙 정치에서 왕위 계승을 둘러싼 분쟁이 일어나자 진골 사이에 대립이 심해져 분열했다. 또 진골들은 불법적으로 토지를 넓히고 사병을 양성하여 무력 항쟁을 벌였다. 또한 수탈이 점점 심해지고 조세 징수가 제대로 이루어지지 않자 국가 재정도 바닥이 났다. 이를 견디지 못한 백성들은 토지를 버리고 유랑하거나 생존을 위하여 도적이 되어 전국이 소란했다. 하지만 신라 조정은 이러한 상황을 전혀 통제하지 못했다.

진골 아래서 제약을 받았던 6두품은 유교 이념과 행정 실무에 밝아 왕권 강화에 기여했는데, 이들은 당나라에 유학해 당의 문화를 접하면서 골품제의 모순을 비판했다. 하지만 비판이 받아들여지지 않자 후백제, 후고구려, 고려의 신하로 들어가 유학적 능력을 발휘해 새로운 국가의 이념적 기반을 제공했다.

신라 말의 전국적인 혼란 속에서 새로운 사회를 열었던 세력은 지방에서 성장한 호족이었다. 호족들은 자신의 지역에 성을 쌓고 사방에서 일어난 도적으로부터 백성을 보호했고, 백성들도 그들의 지배력에 호응하면서 지역 단위의 공동체가 형성되었다. 이들 호족은 성을 중심으로 정치력과 군사력을 행사해 성주 또는 장군으로 불렸으며, 중앙 정부를 모방한 행정 조직을 갖추고 백성에게 세금을 거두어들여 정치·군사·경제적으로 독자적인 세력을 형성했다.

예를 들어 벽진군(경상북도 성주) 호족 이총언은 도적들이 들끓는 상황에서 성을 굳게 지키고 백성을 보호했다. 신라의 힘이 약해져 지방까지 다스리기 힘들게 되자 벽진군의 지역 공동체가 이총언을 중심으로 결속하여 생존을 도모했던 것이다.

벽진군은 신라와 후백제의 경계에 있어 벽진군이 어느 쪽에 기울 것인가는 군사적으로 매우 중요했다. 그래서 왕건은 고려를 세운 뒤에 사람을 보내 이총언을 회유했고 이총언은 아들 이영을 보내 군대를 이끌고 왕건을 따르게 했다. 왕건은 이총언을 예우하여 벽진군 장군으로 삼고 아들 이영은 대광 사도귀의 딸과 혼인시켰다. 왕건이 편지를 써서 자손대대로 신의를 지키겠다고 하자 이총언은 군사를 훈련시키고 군량미를 축적하며 지역을 지켰다.

호족들이 지역을 방위하고 세력을 확장하려고 서로 경쟁하는 가운데 견훤과 궁예는 주변 세력을 결집하고 성장해 900년에 견훤이 후백제를, 901년에 궁예가 후고구려를 세웠다.

이 두 나라에서는 지방 세력이 중앙 정치에 참여하는 것이 가능했다. 신라와 달리 관등과 관직에 상한을 두는 골품제가 없어 지방 세력의 중앙 진출에 제약이 없었는

후삼국 시기

데, 후삼국 통일 전쟁에서 승리하려면 지방 세력의 협력이 필요했기 때문이었다.

후삼국이 병립하면서 사회 혼란은 잦아들었다. 하지만 후백제와 후고구려는 독자적인 세력을 형성하고 있는 호족들을 서로 자기편으로 끌어들여 관료로 삼고 이탈하지 않도록 했으며 영토를 확장하기 위해 전쟁을 벌였다. 이에 후삼국의 정치 지형은 후백제와 후고구려를 중심으로 움직였고, 경주를 중심으로 경상도 지역을 지키고 있던 신라의 위상은 계속 추락했다.

왕건, 통일 전쟁의 승자가 되다

고려를 건국한 왕건은 송악의 호족이었다. 왕건의 선대는 백두산에서 부소산으로 내려와 정착한 6대조 성골 장군 호경에서 시작되었는데, 호경은 고구려 유민 출신이라고 한다. 5대조 강충은 예성강 서쪽 영안촌에 사는 부잣집 딸과 혼인했다. 조부 작제건은 바다를 건너 중국으로 가다가 서해 용왕의 딸과 혼인하여 돌아왔는데 개주·정주·염주·강화 등 7개 고을 사람들이 환영하며 영안성을 쌓고 궁실을 지어 주었다는 설화가 전한다. 이를 통해 알 수 있듯이 작제건은 황해도와 강화도 일대에서 해상 세력으로 위세를 크게 떨쳤다. 아버지 왕륭은 896년에 궁예의 휘하로 들어간 뒤 궁예가 송악에 도읍을 정하도록 영향력을 행사했고, 궁예는 왕건을 성주로 삼았다. 왕건 가문은 신라의 외곽에서 해상 활동을 하여 호족으로 성장했고 궁예의 중앙 정부에 참여함으로써 정치적으로 크게 성장했다.

왕건이 정치적으로 세력을 키울 수 있었던 것은 군사적 능력과 관련이 있었다. 궁예 아래에서 왕건은 신라 방면으로 진출하려는 궁예의 의도에 따라 충주, 청주 등 충청도 지역을 경략하는 데 많은 전과를 거두었고 상주 등 경상도 지역으로 나아갔다. 또한 전라도의 나주, 진도를 점령하여 후백제의 배후를 위협하고, 반격하는 후백제를 처부수는 공로를 세웠다. 이로써 왕건은 최고 관직인 시중에 임명되는 등 중앙 정부에서의 영향력도 커졌다.

이러한 가운데 궁예는 신라를 멸도(멸망시켜야 할 도읍)라고 부르며 반신라적 입장을 노골화하고 송악에서 철원으로 수도를 옮겼다. 911년에는 국호를 태봉이라 하고 자신을 미륵불로 칭하며 권력을 남용하고 부인과 아들까지 죽였다. 이는 왕건을 비롯하여 궁예 정권에 참여한 호족과 장수들에게 위기감을 불러일으켰다. 918년에 왕건은 휘하 장수인 홍유, 배현경, 신숭겸, 복지겸 등의 추대를 받아 왕이 되었고, 이들과 함께 궁예를 몰아냈다. 왕건은 국호를 고려, 연호를 천수라 하여 고구려 계승 의식을 표방하고, 천명을 받아 왕위에 올랐다는 유교 이념을 표면화했다. 다음 해에는 수도를 철원에서 송악으로 옮기고 세력 기반을 다졌다.

그러나 궁예를 지지했던 청주 호족들이 고려 건국에 반발하여 반란을 일으키거나 후백제로 돌아섰고, 명주(강원도 강릉) 호족은 몇 년 뒤에야 고려로 들어왔다. 왕건은 반란을 진압하는 한편 호족들이 고려로 들어오도록 하기 위해 많은 예물을 보내고 겸손한 태도를 보였다. 이에 호족들이 차츰 고려로 들어오면서 건국 직후의 위기에서 벗어나 안정을 찾아 갔다. 왕건은 또한 백성을 위해 호족들이 세금을 함부로 거두지 못하게 하고 10분의 1세로 제한했다.

건국 초기의 불안한 상황 때문에 고려는 무엇보다 후백제와 원만한 관계를 맺어야 했다. 후백제가 왕건 즉위를 축하하는 사신을 보내오자 고려도 선물을 보내며 평화로운 관계를 유지했다. 또한 왕건은 궁예와 달리 신라에 우호 정책을 펼쳤는데, 신라가 비록 몰락하고 있었지만 오랜 역사와 전통을 가지고 있었으므로 후백제와의 대립이나 고려 왕권의 안정에 신라의 권위를 이용하고자 했던 것이다. 그래서 신라가 사신을 보내오자 고려는 우호 관계를 맺고, 신라를 떠받들며 존중하고 있음을 표명했다.

신라를 공격해 영향력을 강화하려던 후백제 견훤은 고려와 신라가 우호 관계를 맺자 위협을 느꼈다. 920년 견훤이 신라의 대량군(경상남도 합천)을 함락하자 고려는 신라의 군사 요청에 응했고, 이에 견훤의 군대가 물러나면서 고려와 후백제는 긴장 관계에 들어갔다. 왕건의 친신라 정책으로 경상도 호족들이 고려로 넘어오자 후백제는 위기를 느끼고 925년 조물군(경상북도 지역)을 공격해 처음으로 고려와 전면전을 벌였고 이로써 고려와 후백제의 전쟁이 본격화했다.

927년에 견훤은 경주로 밀고 들어가 경애왕을 살해하고 경순왕을 세웠다. 왕건은 신라를 돕기 위해 출병했으나 공산(경상북도 팔공산) 전투에서 후백제의 기습을 받아 크게 패배했다. 이 전투에서 승리한 후백제는 경상도 지역에서 세력을 넓혔으나 고창(경상북도 안동) 전투에서는 크게 패배했다. 김선평, 권행, 장길 등 지역 호족의 도움을 받은 왕건은 이 전투에서 승리했고, 이를 계기로 동해안 지역의 호족들이 고려에 항복했다. 이로써 고려는 후백제와의 대결에서 우위를 차지하게 되었고, 신라는 왕건을 초빙해 축하하며 환영했다.

고창 전투에서 패한 후백제는 왕실에 내분이 일어났다. 935년에 견훤은 아들 신검이 자신을 금산사에 유폐하자 탈출하여 고려에 투항했고 후백제는 세력이 급격히 약화되었다. 이해에 신라 경순왕도 나라를 들어 고려에 투항했다. 936년 왕건은 일리천 전투에서 신검의 후백제군과 싸워 승리했고 이를 기념하여 논산에 개태사를 세웠다. 이로써 고려는 후삼국 통일 전쟁의 승자가 되었다.

고려의 후삼국 통일은 역사적 의의가 크다. 신라의 삼국 통합과 비교하면 그 의의가 더욱 분명해진다. 신라의 삼국 통합은 통합 이후에도 경주의 진골이 정치를 이끌었고 고구려와 백제 출신은 중앙 정치에서 소외되었다. 하지만 신라 외곽에서 일어난 고려는 건국을 하고 후삼국을 통일한 뒤에

<고려 태조 왕건 어진>
충남 논산의 개태사 어진전에 있는 것으로, 개태사는 후백제의 항복을 받은 곳에 왕건이 직접 세운 절이다.

도 다양한 지역의 호족 출신이 중앙 정치를 이끌어 갔으므로 중앙 정치에 참여하는 지배층의 지역·신분적 범주가 신라에 비해 넓었다.

또한 고려는 후백제와 신라뿐만 아니라 발해 유민까지 받아들여 민족 구성원의 폭을 넓혔다. 이렇게 되면서 우리 민족의 통합이 한 단계 진전되었다. 신라의 통합은 불완전하여 후백제, 후고구려로 분리되었지만, 고려는 단일 국가로 통일된 이후 다시 분열되지 않았을 만큼 신라에 비해 민족 통합의 정도가 강했다. 더구나 이러한 것들을 외부의 개입 없이 우리 민족 스스로의 힘으로 이루어 냈다는 의의가 있다.

왕건의 정책, 고려의 초석을 놓다

궁예의 신하로 있던 왕건이 고려를 건국하고 왕위에 올랐을 때는 후삼국이 서로 패권 다툼을 하고 있었다. 호족들은 자신의 지역 공동체를 자율적으로 지배하면서 정세를 판단하여 후백제나 고려의 휘하에 들어가거나 독립적인 입장을 견지했다. 왕건은 새로운 사회의 지배층으로 등장한 호족들을 중앙 정치에 참여시키고 군사 활동에 동원하여 고려의 정치를 일신하고 후삼국 통일의 과제를 성취하고자 했다.

태조 왕건은 고려의 신하가 된 호족들과 정치·군사적으로 결속하기 위해 호족의 딸들을 왕비로 맞이하는 혼인 정책을 시행해 왕후 6명과 부인 23명을 두었다. 또한 정치적으로 협력하는 호족에게 왕씨 성을 내리는 사성(賜姓) 정책을 실시했다.

태조는 호족의 자제를 중앙에 머물게 하여 출신 지역의 사정에 대해 자문하는 기인제도(其人制度)를 시행했고, 경순왕을 경주의 사심(事審)으로 삼은 것에서 시작하여 공신들을 출신 지역의 사심으로 삼아 지역을 통제하는 사심관 제도도 시행했다. 그리고 통일 후에는 논공행상에 따라 역분전을 지급했고, 《정계政誡》, 《계백료서誡百僚書》를 지어 신료들이 지켜야 할 규범을 제시했다.

이로써 고려는 지방 세력이 중앙에 진출하여 정치에 참여하는 국가가 되었고, 중앙 정치에 참여하는 지배층의 범주가 넓어져 이해관계가 다양해지면서 그것을 조정하는 국왕의 역할이 커져 국왕과 신하 사이의 합의 정치가 중요하게 되었다.

태조는 고구려 유민의 후손으로 고구려 계승 의식을 바탕으로 국호를 고려라고 했던 만큼 북방 지역 개척에 적극적인 관심을 가졌다. 고려의 변방을 위협하고 있던 여진족을 몰아내고 서경을 경략했으며 청천강과 영흥까지 영토를 확대했다. 이처럼 영토 확장이 가능했던 것은 중국이 당나라의 멸망 이후 오대십국으로 분열된 상황에서 북방에서 성장한 거란이 중원으로 진출하는 데 힘을 쏟아 압록강 쪽으로는 관심이 별로 없었기 때문이었다. 거란의 성장은 상당히 위협적인 일이었으나 당시로는 고려까지 영향력이 미치지 않았던 것이다. 다만 926년에 발해가 멸망하면서 고려는 거란을 더욱 경계하였다.

태조는 고구려 유민이 세운 발해를 친척의 나라라고 하여 발해가 멸망한 뒤 마지막 태자인 대광현이 수만 명을 이끌고 투항해 오자 이들을 받아들였고, 대광현에게 왕계라는 성과 이름을 내리고 선조에 대한 제사를 지내도록 허락했다. 발해가 고구려를 계승한 나라여서 받아들인 것도 있지만, 북방 지역의 사정을 잘 알고 있는 발해 유민을 이용하여 거란의 위협을 방비하려는 목적도 있었다.

고려 전기의 영토

태조는 후대의 왕들이 고려 왕조를 잘 보존하도록 〈훈요십조〉라는 통치 지침을 남겼다. 사상적으로 불교를 숭상하고, 연등회와 팔관회를 지키며, 풍수지리를 존중하여 사찰을 함부로 짓지 말고, 서경을 중시하라고 하여 후대의 왕들이 다양한 사상이 공존하는 고려 사회를 만들기를 원했다.

또한 문화적으로 중국의 문물과 예악을 본받더라도 모두 따를 필요는 없고 거란 제도는 본받지 말라고 하여 중국 문물의 맹목적인 수용을 거부하고 주체적 입장에서 판단해야 한다고 했다. 통치 방식에서는 간쟁하는 말을 따르며 요역과 부세를 가볍게 하고 유교 경전과 역사서를 읽으라고

경기 개성 만월대 터
고려 태조 때 세워져 고려 왕들이 거처하던 궁궐터이다. 북한 황해북도 개성시 송악산 아래에 있으며, 사신 접대와 종교 행사를 하던 정전(正殿)인 회경전, 왕실의 보물을 보관하던 장화전, 비상시에 대신들과 정사를 논하던 원덕전 등이 있었다. 국립중앙박물관 제공

하여 유교 정치 시행이라는 방향성을 제시했다. 왕위 계승은 적자(정실 부인이 낳은 첫째 아들)나 차자(둘째 아들)로 하되 그마저도 마땅치 않으면 형제 중에 추대를 받는 자가 왕위에 오르도록 하여 능력 없는 인물이 왕위에 오르지 못하도록 했다. 이는 후대 국왕의 통치 방향에 영향을 주었던 것은 물론 고려 왕조의 성격을 형성하는 이념적 배경이 되었다.

06

서경 천도 운동,
통념을 파괴하라

박재우

    서경 천도 운동은 묘청, 정지상 등이 풍수 도참설을 바탕으로 수도를 개
경에서 서경(평양)으로 옮기자고 주장한 운동이었다. 이자겸의 난과 금나라
의 급속한 성장이라는 혼란한 상황 속에서 시도되었으나 성공하지는 못
했다. 묘청 등이 추진한 서경 천도 운동의 주된 원인과 전개 과정, 의미를
살펴보자.

서경 천도 운동, 이유가 있었다

서경 천도 운동이 발생한 원인은 여러 가지이지만, 그중에서 이자겸의 난과 금나라의 급속한 성장으로 인한 정치 불안이 가장 큰 원인이었다.

이자겸의 난은 1126년에 이자겸이 인종의 친위 쿠데타에 반발해 일으킨 반란 사건이었다. 인주 이씨는 본래 인주(인천) 지역의 호족이었는데, 이자겸의 할아버지인 이자연이 세 딸을 모두 문종에게 시집보낸 뒤 왕실의 보필 세력이자 고려 최대의 문벌이 되었다. 이자겸 또한 딸을 예종의 비로 들여보냈고 예종이 죽은 뒤에는 외손자인 인종을 왕으로 추대해 크게 위세를 떨쳤다. 나아가 인종에게도 딸 둘을 시집보내 권력의 중심이 되었다.

이자겸이 문제가 된 것은 권력을 남용하고 신하로서 정체성을 지키지 않았기 때문이었다. 이자겸은 외손자이자 사위인 나이 어린 인종의 호의를 바탕으로 자신의 반대 세력을 제거하고 친인척 등에게 관직을 주었다. 또한 토지를 강제로 빼앗고 백성을 수탈하며 뇌물을 받고 관직을 팔았다. 조선국공에 책봉되고 숭덕부(봉작을 받은 이자겸을 보필하라고 나라에서 세워 준 기구)가 설치되자 숭덕부의 관리를 멋대로 송나라에 보내 표문을 올렸다. 또한 자신의 생일을 인수절이라 하여 왕의 생일을 칭하는 절일의 명칭을 썼으며, 특히 지군국사(나라의 모든 일을 맡고 있다는 뜻으로, 중국 왕조로부터 고려 국왕으로 책봉되기 전에 사용하던 명칭)가 되고자 인종에게 자기 집에 와서 임명토록 강요했다. 왕조 사회에서 신하가 해서는 안 되는 선을 넘은 것이었다. 인종은 이자겸을 싫어했고, 왕의 측근인 내시 김찬 등이 이자겸을 제거하

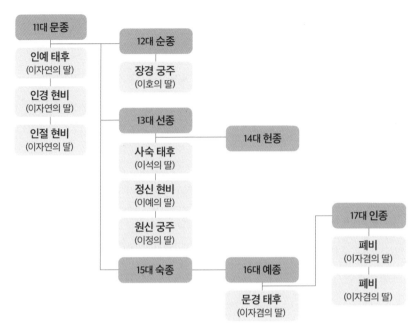

고려 왕실과 인주 이씨의 혼인 관계도

려다가 실패하자 이자겸이 난을 일으켰던 것이다.

　이자겸이 난을 일으키자 인종은 두려워하며 이자겸에게 왕위를 물려주려 했다. 그러나 재상들이 반발하자 이자겸은 양위한다는 조서를 인종에게 돌려주었다. 권력을 마음대로 했던 이자겸이라도 왕이 되기는 어려웠다. 이자겸이 다른 문벌로부터 외면을 당한 것은 군신관계를 훼손했기 때문이었다.

　이자겸의 난은 진압되었지만, 인종의 권위는 크게 손상되었다. 외할아버지라고 해서 우대해 주었는데 권력을 남용하고 왕위를 넘보았으니 국왕의 책임이 없다고 하기 어려웠다. 심지어 궁궐이 불타 국왕의 권위가 손상되었기 때문에 왕권을 쇄신할 필요가 있었다.

이런 상황에서 여진의 급속한 성장은 국제 질서를 크게 바꾸었을 뿐만 아니라 고려에도 커다란 위협이 되었다. 완안부 여진은 여진을 통합하기 위해 고려에 복속해 살던 여진을 공격해 고려 영토까지 침입했고, 고려는 숙종 말년에 여진 정벌을 추진했다. 1107년 여진 정벌을 단행해 영토를 개척하고 9성을 쌓았으나 방어가 쉽지 않고, 여진도 고려를 부모의 나라로 영원히 섬기겠다고 애걸하므로 돌려주었다. 그러나 1115년에 금나라를 세운 여진은 요나라(916년에 거란족이 세운 나라로 1125년에 멸망했다.)의 수도 연경을 함락하고 멸망시킬 정도로 급속히 성장했다. 1127년에는 송나라 수도 변경(중국 허난성 카이펑)을 공격하여 휘종과 흠종 황제를 포로로 잡아갔다. 이에 송은 남쪽으로 밀려 내려가 새로 도읍을 정했는데 이를 남송, 그 이전을 북송이라고 한다.

이러한 상황에서 여진은 고려도 압박했다. 1117년에 금을 세운 아골타(아구다)가 사신을 보내 '형 대여진 금국 황제는 동생 고려 국왕에게 글을 보낸다.'라고 하며 형제 맹약을 요구했다. 고려 군주를 황제로 불렀던 여진이 스스로 황제라 칭하고 고려 왕을 국왕이라 하자 고려 지배층은 반발하며 답하지 않았다. 이후 1125년에 고려가 금에 사신을 보냈더니 문서 양식이 황제에게 올리는 표문이 아니며 신하라고 칭하지 않았다고 받아들이지

<척경입비도拓境立碑圖>

조선 후기에 만든《북관유적도첩北關遺蹟圖帖》에 실린 그림이다. 이 책은 고려 예종 대에서 조선 선조 대까지 함경도에서 무공을 세운 인물들의 일화를 그림과 글로 설명한 그림첩이다. <척경입비 도>는 고려 예종 때 윤관과 오연총이 철령 이북의 여진을 정벌하고 9성을 쌓은 뒤 '고려지경(高麗 之境)'이라고 새긴 비를 세운 것을 그렸다. 위쪽 막사에 윤관, 아래쪽 막사에 오연총이 앉아 있다.

않았다. 1126년에 이자겸의 난이 일어난 가운데 백관회의에서 금에 대한 사대의 여부를 논의하는데 모두 사대를 해서는 안 된다고 했다. 그러나 이자겸과 척준경은 "금나라는 옛날에는 소국이어서 요나라와 우리를 섬겼으나 지금 갑자기 강성해져 요나라와 송나라를 멸망시켰으며 정치는 잘되고 군사가 날로 강대해지고 있습니다. 우리 변경과 땅이 서로 접하고 있어 형세상 섬기지 않을 수 없습니다. 작은 나라가 큰 나라를 섬기는 것은 선왕의 도리이니 사신을 보내 빙문해야 합니다."라고 주장해 인종의 허락을 받았다.

사대의 결정이 금나라의 위협을 고려하고, 고려의 전통적인 외교 관행을 따른 것이기는 했으나, 이자겸이 난을 일으킨 비정상적인 상황에서 결정되었다는 것은 문제였다. 게다가 여진은 고려가 거란과의 전쟁에서 승리한 이후 고려를 부모의 나라로 섬겨 왔고, 불과 17년 전에는 여진 정벌로 획득한 9성을 돌려주자 영원히 고려를 섬기겠다고 했었다. 또 신료 대다수가 반대한 것에서 알 수 있듯이 사대가 자발적인 것이라 볼 수는 없었다.

서경 천도, 방식에 문제가 있었다

이자겸의 난으로 인종의 권위가 크게 실추되고 금나라의 압박까지 당하는 상황에서 묘청 세력은 서경 천도를 주장했다. 1127년 인종이 서경에 행차해 왕권 회복을 위한 개혁안을 반포했을 무렵에 묘청, 백수한, 정지상 등의 서경 출신들이 인종과 가까워진 것이 계기였다. 서경은 태조 왕건 이래로 중시되었던 곳으로 고려 왕들이 자주 행차하던 지역이었다. 인종의 서경 행차도 그러한 연장선에서 이루어졌고 더하여 정치 쇄신의 목적도 있었다. 이를 계기로 정지상은 개경의 터가 쇠하여 궁궐이 불탔으니 왕의 기운이 서린 서경으로 천도해야 한다고 주장했고 김안, 홍이서, 이중부, 문공인, 임경청이 호응했다. 이들은 묘청은 성인이므로 국정은 그에게 자문해야 한다는 글을 지어 신료들의 서명을 받았는데 김부식, 임원애, 이지저는 서명하지 않았다. 묘청은 서경이 길지(풍수지리에서 좋은 묏자리나 집터를 이르는 말)이므로 궁궐을 짓고 옮겨 가면 천하를 병합할 수 있고, 금나라가 항복하며 36국이 신하가 될 것이라 했다. 이러한 분위기 속에서 1128년 8월에 인종이 서경에 행차했다.

묘청 세력이 서경 천도를 주장하는 가운데 반대 세력도 형성되었다. 임원애는 유교 경전과 역사서에 통달하였다는 평가를 받는 인물이었고, 김부식과 이지저는 인종 대에 경연(왕에게 유교 경전과 역사서를 가르치는 일)에 참여한 유학자였다. 이들은 유교 정치를 지향했으며, 묘청과 백수한과는 정치 성향이 달랐다. 당시 인종은 이자겸의 난을 극복하기 위한 방안으로 유교 정치를 시행하고 유학자들과의 경연을 중시했는데, 비슷한 시기에 묘청 세력이 등장해 서경 천도를 제기했고 인종도 상당히 호응했으므로, 조정에는 정치 성향이 서로 다른 두 세력이 정치 쇄신을 주장하며 공존했던 것이다.

1129년에 인종이 서경에 세운 대화궁에 행차하자 묘청 세력은 대외적으로 황제를 칭하고 독자적인 연호를 사용하자는 칭제 건원과 금나라 정벌을 주장했다. 문제는 이들의 국제 질서에 대한 인식이 상당히 비현실적이었다는 점이다. 1127년에 금나라가 송나라를 치다가 패배하여 오히려 송나라가 금나라의 국경까지 공격했다는 보고가 있자, 정지상과 김안은 군사를 동원해 송나라를 지원해야 한다고 했다. 하지만 예종 대에 경연에 참여했던 김인존은 뜬소문을 믿고 군사를 일으켜서는 안 된다고 하였고, 사신

대화궁 성벽
일제 강점기에 평안남도 대동군 남궁리에 있는 대화궁 성벽을 찍은 사진이다. 대화궁은 전각들이 있는 내궁과 외궁으로 구성되었고, 둘레에는 흙으로 쌓은 성벽이 둘러져 있었다. 국립중앙박물관 제공

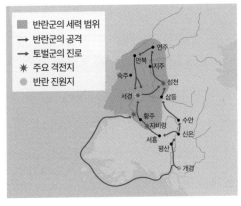

반란군의 세력 범위
→ 반란군의 공격
→ 토벌군의 진로
✳ 주요 격전지
● 반란 진원지

묘청의 세력 범위

으로 송나라에 갔던 김부식이 돌아오자 변방의 보고가 잘못되었다는 것이 확인되었다. 묘청 세력은 또한 1129년에 금나라의 괴뢰국인 제나라와 동맹하여 금나라를 협공해야 한다고 주장하기도 했다. 묘청을 스승으로 생각하는 무신 최봉심은 자신에게 군사 1,000명만 주면 금나라에 들어가 군주를 사로잡아 오겠다고 장담할 정도로 국제 정세에 어두웠다.

　이러한 상황에서 묘청 세력은 술법이나 술수를 썼고, 두 세력의 대립은 더욱 심해졌다. 1129년 3월 묘청, 백수한, 정지상은 공중에서 풍악소리가 들리니 표문을 올려 하례해야 한다며 재상들의 서명을 요구했는데, 재상들은 소리가 들리지 않는다고 거부했다. 1132년에는 인종의 서경 행차 중에 비바람이 일고 날씨가 갑자기 추워져 사람과 짐승이 얼어 죽자, 당황한 묘청은 자신이 미리 비와 바람을 다스리는 우사와 풍백에게 임금이 행차할 때는 비바람이 일지 않도록 명했는데 신들이 약속을 어기니 괘씸하고 얄밉다고 말했다. 하지만 당시 평가는 허황하고 요망하다는 것이었다. 물론 이 평가는 묘청의 난이 발생한 후의 인식이 반영된 것이겠지만, 김부식 같은 유학자들은 처음부터 그러한 행태를 받아들이기 어려웠을 것이다.

서경 천도가 비판에 부딪혀 계속 좌절되자 묘청과 백수한은 큰 떡을 만들어 그 속에 기름을 넣은 뒤 대동강에 가라앉혀 두었다. 떡에서 기름이 조금씩 새어 나와 수면 위로 떠올랐는데 햇빛이 비쳐 오색 빛깔이 되었다. 묘청 세력은 이것이 신룡이 침을 토한 것이라고 속였지만, 곧 거짓이라는 것이 들통났다. 이를 계기로 묘청 세력에 대한 처벌 요구가 본격적으로 제기되었다.

다급해진 묘청은 1135년에 서경에서 조광, 유감 등과 함께 반란을 일으켰다. 국호는 대위, 연호는 천개, 군대는 천견충의라고 했다. 서경 천도와 칭제 건원을 요구했으며, 고려 왕조 타도를 목표로 한 것은 아니었다. 묘청의 난은 개경에 있던 정지상, 백수한, 김안도 몰랐을 정도로 갑작스럽게 진행되었고, 1년여 만에 김부식, 임원애, 윤언이 등에게 진압되었다.

묘청의 서경 천도 운동 달리 보기

서경 천도 운동에 대해서 당시 정치 세력 간의 대립을 묘청과 김부식의 대립으로 단순화하거나 자주적인 전통 사상과 사대적인 유교 사상의 대립으로 보는 해석이 널리 유행했다. 그런데 고려는 다양한 사상이나 종교가 공존한 사회였기 때문에 지배층은 풍수 도참설과 유교 사상을 모두 포용하고 있었다. 태조 왕건의 〈훈요십조〉에서 유교 사상과 풍수 도참설을 모두 인정하는 것을 보아도 쉽게 알 수 있다. 묘청 세력은 단순히 풍수 도참설을 바탕으로 했기 때문에 유학자들의 비판을 받은 것이 아니라 술법이나 속임수를 동원하면서까지 무리하게 서경 천도를 관철시키고 그 공로로 권력을 획득하고자 해서 비판을 받은 것이다.

묘청은 자주적인데 반해 김부식은 사대적이라는 평가도 문제가 된다. 당시는 금나라가 요나라와 북송을 멸망시켰고 고려에도 압박을 가하고 있었다. 이러한 상황에서 칭제 건원과 금국 정벌론이 자주적인 주장인 것 같지만, 당시 묘청 세력은 그것이 시행되었을 때의 파장에 대해서는 고려하지 않았다. 그러므로 국가의 운명이 걸린 외교 군사적 결정을 내려야 하는 상황에서 그 결과에 대한 신중한 검토나 대비 없이 칭제 건원과 금국 정벌을 주장하는 것이 과연 합리적인 선택이며 진정한 자주인가는 의문이다.

김부식을 사대적이라 평가하며 부정적으로 보는 경향도 문제가 있기는 마찬가지이다. 전통 시대에 사대는 대국과 소국 사이의 일반적인 외교 관행이어서 사대 자체를 부정적으로 보지는 않았다. 그동안 여진에 부모의 나라로 군림했던 고려로서는 자존심이 상해 사대를 반대하기는 했으나, 이후 북송이 멸망하는 것을 보았던 고려 지배층이 사대를 결정한 이자겸이 몰락했다고 해서 금나라에 대한 사대를 그만둔 것은 아니었다. 그러므로 사대의 유지는 단지 김부식 개인의 견해가 아니라 지배층의 일반적인 입장이자 고려의 전통적인 외교 방식이었다고 보아야 할 것이다.

서경 천도 운동은 서경 출신의 신진 세력이 개경의 문벌 세력을 무너뜨리려고 했다는 데서 개혁적이라는 해석도 있다. 묘청 세력과 대립한 김부식, 김인존, 이지저, 임원애는 문벌이거나 문벌로 성장하는 세력이었다. 그렇다고 해서 이들을 일률적으로 개혁의 대상으로 보는 것이 적절한지는 의문이다. 상당수 유교적 성향을 가진 이들의 경제생활에 대한 평가를 보면 임원애는 근검하고 청백했고, 김부식의 형인 김부일은 사람됨이 너그럽고 후덕하며 검약했으며, 동생 김부의도 재물을 모으지 않았다고 한다. 이자겸과 비교하면, 이들이 뇌물을 받거나 백성을 수탈했다는 기록은 확인되지 않는다. 문벌이라 해서 모두 같은 성향을 가진 것은 아니었다.

게다가 묘청 세력은 서경 천도와 칭제 건원, 금국 정벌론을 제기하여 초점이 왕권 강화와 국외 문제의 해결에 있었을 뿐 고려 사회의 내부 모순이나 개경 문벌의 폐단을 개혁하려는 주장은 없었다. 그러므로 묘청 세력이 신진 세력인 것은 분명하나 그렇다고 해서 개혁적이었다고 보기는 어렵다. 정치적으로 신진 세력이라 해서 개혁적 성격을 가졌다거나, 문벌이라고 해서 무조건 부패 세력으로만 볼 이유는 없다.

서경 천도 운동은 고려의 내외적 위기를 해결하려고 시작되었다. 하지만 서경 천도를 통한 권력 획득이라는 개인의 권력욕과 지나친 자국 중심주의로 국제 정세에 대한 합리적 판단을 하지 못한 채 추진된 실패한 정치 운동으로 보아야 할 것이다.

07

해동 천자의 나라
고려의 외교술

박재우

    고려는 고조선과 고구려를 계승한 나라라는 역사 계승 의식을 바탕으로 중국과 구별되는 고려 중심의 독자적 천하관을 가지고 있었다. 당나라가 멸망한 뒤 절대 강자가 없었던 다원적 국제 질서 속에서 '해동 천자(海東天子)'라 불린 고려 군주는 때로는 천자나 황제, 때로는 대왕, 왕을 칭하며 주변국과 능동적인 외교를 펼쳤다.

고려 군주, 해동 천자가 되다

고려인들은 중국의 천하와 구별되는 독자적인 천하관을 가지고 있었다. 이러한 점을 잘 보여 주는 것이 이승휴가 쓴 《제왕운기帝王韻紀》이다.

> 요동에 따로 한 천하가 있으니
> 북두와 중조가 구분되었네.
> 큰 파도 넘실넘실 삼면을 둘러쌌고
> 북쪽에 육지가 선으로 이어졌네.
> 가운데 사방 천리 여기가 조선인데
> 강산의 형승은 하늘에 이름을 떨쳤네.
> 밭 갈고 우물 파는 예의 있는 국가이니
> 중화의 사람들이 이름을 소중화라 지었네.

이승휴는 《제왕운기》에서 중조(中朝)의 역사와 동국(東國)의 역사를 차례로 서술했다. 중조의 역사에는 중국의 고대부터 시작해 송, 요, 금, 원의 역사를 포함시켰고, 동국의 역사에는 고조선에서 시작해 고려까지 우리나라 역사를 기록했다. 이러한 동국의 역사가 펼쳐지는 지리적 공간을 북두, 곧 요동의 천하라고 표현하고, 삼면이 바다이고 북쪽은 육지가 이어졌으며 가운데 조선(고조선)이 있다고 하였다. 이승휴는 고려가 위치한 지리적 공간을 유구한 역사를 가진 요동의 천하라고 보았던 것이다. 고려는 태조 이

래로 북진 정책을 시행하여 영토를 확장해 갔지만 압록강 너머까지 실질적
인 지배력을 행사한 적은 없었다. 하지만 이승휴는 삼면이 바다인 반도를
너머 대륙의 요하 동쪽까지 고려의 천하라고 하였다.

고려가 독자적 천하관을 가지고 있었다는 것은 송나라도 인정하는 것이
었다. 송나라 황제가 보낸 칙서를 보면 고려 문종은 요좌(遼左), 곧 해동에
거주하고 있다고 했다. 요좌와 해동으로 불리는 지리적 공간을 고려 군주
가 거주하며 통치하는 천하로 보았던 것이다. 그래서 많은 학자들이 이를
'해동 천하'라고 불렀다. 이러한 배경에서 고려 지배층은 고려 군주를 '해동
천자'로 불렀고, 문헌공도를 크게 번성시킨 최충은 '해동 공자', 고문에 능한
김황원은 '해동 제일'이라고 했다.

물론 고려인들이 해동의 지리적 공간과 고려의 실질적인 지배력이 미치
는 영토를 구별하지 못한 것은 아니었다. 그럼에도 불구하고 해동은 고려

가 위치한 지리적 공간이며, 고려는 해동에서 중심적인 나라로, 고려 군주는 고려의 임금이자 해동의 통치자로 인식되었던 것이다.

고려 군주가 해동의 통치자라는 관념은 고려가 해동 지역에 대하여 가지고 있는 역사적 영유권과 관련이 있었다. 고려 군주는 기자의 후손이자, 주몽의 후손이므로 기자와 주몽이 통치한 지리적 공간인 해동의 지배자라는 인식이었다.

고려를 세운 태조 왕건은 후당(중국 5대10국 시대에 이존욱이 낙양을 도읍 삼아 세운 나라로 923년부터 936년까지 있었다.)의 책봉을 받았는데, 책봉 문서에는 왕건은 주몽이 건국한 전통을 계승하여 그곳의 임금이 되었고 기자가 번국의 신하로 있던 자취를 본받아 교화를 펼치고 있다고 하였다. 고려의 역사 계승이 기자와 주몽에서 시작된다고 이해한 것이다. 송나라 사신으로 고려에 왔던 서긍은 자신의 저서 《고려도경》에 고려의 선조는 주나라 무왕이 조선에 책봉한 기자이고, 고구려 왕족인 고씨가 끊어진 후에 왕건이 왕위를 이어 나라를 차지했다고 기록했다.

고려를 고구려와 같은 나라로 보았던 것은 몽골도 마찬가지였다. 1259년에 원종이 태자였을 때 몽골과 강화하려고 쿠빌라이를 만나러 가자 쿠빌라이는 "고려는 만리의 나라로서 당 태종이 직접 정벌에 나섰어도 복속시키지 못했는데 지금 그 세자가 스스로 와서 나에게 항복했으니 하늘의 뜻이다."라고 했다. 고려를 고구려와 같은 나라로 인식했음을 알 수 있다.

물론 고려 지배층도 고려를 기자의 나라와 고구려를 계승한 나라로 인식했다. 서희는 소손녕과 담판을 하면서 "우리나라는 옛날의 고구려이므로 이름을 고려라 하고 평양에 도읍을 정했다."라고 했다. 문종 대에는 거란의 동경유수에게 외교 문서를 보내며 고려는 기자의 나라를 계승하였다고 했다.

이처럼 요동과 해동은 고려의 실질적인 지배력이 미치지 못하는 공간이 포함되어 있었음에도 불구하고 고려의 군주가 통치하는 천하로 이해되어 고려 군주는 해동 천자, 고려는 해동의 지리적 공간의 중심에 위치한 나라로 이해되었다.

다원적 국제 질서가 세워지다

해동 천자의 칭호에서 알 수 있듯이 당시 고려 군주는 천자 또는 황제로 불렸다. 천자는 주나라의 천명사상(하늘이 덕이 있는 사람을 천자로 삼는다는 사상)에서 나온 것이고, 황제는 진나라의 시황제에서 시작된 것이므로 천자와 황제라는 명칭은 모두 중국이 그 기원이다. 천자, 황제의 칭호가 고려에 들어오면서 그와 관련된 유교 문화와 황제국 제도도 도입되었는데, 당나라의 3성 6부 제도를 받아들인 것도 그러한 배경에서 이루어진 것이었다.

그런데 고려 군주는 황제, 천자로만 불렸던 것이 아니라 대왕, 왕으로도 불렸다. 고려 당대의 자료를 보면, 천자로 불렸던 왕건은 승려 비문에 국주대왕(國主大王)으로 표기되었고, 〈훈요십조〉에도 후대의 군주가 천자가 아니라 국왕으로 표현되었다. 또한 정종은 직접 발원한 사경(경문을 베끼는 것)에서도 자신을 고려 왕으로 표현했다. 황제를 칭했던 광종은 승려 비문에 금상대왕(今上大王)으로 기록되어 있고, 직접 발원한 사경에는 자신을 고려 국왕으로 표기했다.

만약 천자, 황제가 공식 직함이었다면 그보다 지위가 낮은 대왕, 왕으로 부르는 것은 불가능했을 것이다. 그러나 고려에서는 대왕, 왕이 공식 직함이고 천자, 황제는 중국 문화를 도입하여 사용한 것이므로 혼용하는 것이 문제가 되지 않았다. 다만 고려에서 사용한 대왕, 왕이 중국처럼 황제보다 지위가 낮은 제후의 칭호라고 생각할 필요는 없다. 원래 대왕, 왕은 '국강상광개토경평안호태왕'의 칭호에서 확인되듯이 중국의 군주와 구별되는 고구려 중심의 독자적 칭호로 천하의 최고 지배자를 뜻했으니 전통의 산물로 이해할 수 있다.

고려의 군주가 황제를 칭했던 것은 국제 사회의 변동이라는 배경이 있었다. 천자든 황제든 천하의 유일한 최고 지배자라는 의미가 있으므로 여러 통치자가 다 함께 칭할 수 없는 용어였다. 그런데 당의 멸망 이후 한족 국가의 영향력이 약화되고 거란, 여진 등 주변 민족의 정치·군사적 위상이 높아져 국제 사회가 다원화되고 힘이 분산되었다. 이러한 상황에서 정통 왕조인 오대와 송이 황제를 칭했을 뿐만 아니라 한족이 아닌 거란[요], 여진[금], 서하, 안남[베트남] 등도 황제 칭호를 도입했다. 이러한 배경에서 고려 군주도 황제를 칭할 수 있었던 것이다.

다만 각국의 황제 사이에도 힘의 우열이 존재해서 황제라고 모두 대등한 관계였다고 생각해서는 안 된다. 예를 들어 거란이 세운 요나라가 후진의 건국을 지원하고 석경당을 황제로 책봉했기 때문에 요의 황제는 아버지 황제라는 뜻의 부황제(父皇帝), 후진 황제는 아들 황제라는 뜻의 아황제(兒皇帝)라고 했다. 그런데 석경당을 이어 황제가 된 석중귀가 그러한 관계에 반발하여 신하라 칭하지 않았다가 결국 요나라의 공격을 받아 후진은 멸망하고 말았다.

고려와 여진의 관계도 처음에는 여진이 고려를 부모의 나라로 섬겼으나 완안부 여진이 금을 세운 뒤 고려에 형제 관계를 요구했고, 결국 인종 대에 군신 관계가 되었다. 이처럼 국가 사이의 가족 관계 내지 군신 관계는 힘의 우열에 기초하여 성립되는 것이었다.

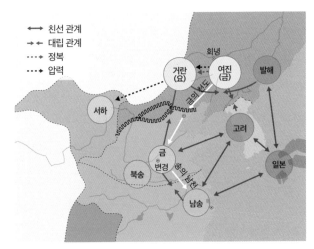

10~12세기,
고려의 대외 관계

이러한 까닭에 각국 황제들이 통치한 천하의 범주도 힘의 우열을 반영했다. 고려는 해동의 지리적 공간에 독자적인 천하를 가지고 있었는데, 고려의 영향권 안에 있던 탐라국, 우산국(울릉도에 있던 나라), 철리국 등이 고려에 조공을 바쳤다. 고려는 흥요국, 동서의 여진, 송과 일본의 상인 등에도 영향력을 행사했다. 고려는 이러한 독자적인 천하를 형성하는 한편, 송·요·금에 사대를 하여 그들의 천하에도 포함되었다. 동아시아 국제 질서 속의 천하 범주는 힘의 우열에 따라 여러 층으로 형성되어 있었던 것이다.

고려가 천자, 황제를 칭하면서도 한족이나 한족이 아닌 세력이 세운 나라에 사대를 했던 것은 국제 정세에 대한 객관적 인식에 따른 것이었다. 고려는 독자적 천하관을 바탕으로 한족이 세운 송을 서국(西國) 또는 남조(南朝), 여진이 세운 요를 북조(北朝)라고 하여 방위에 따라 부르기도 했지만, 송·요·금을 고려와 대등하게 생각했던 것은 아니었다.

1126년에 금나라를 섬기는 문제로 백관회의가 열렸을 때 이자겸과 척준경 등은 '작은 나라가 큰 나라를 섬기는 것은 선왕의 도리이니, 사신을 보내어 먼저 예를 갖추고 위문하는 것이 옳다.'라고 말해 왕이 그 말을 따랐다고 한다. 이러한 인식은 고려뿐만 아니라 요와 금 등 동아시아 국가들의 보편적인 외교 인식이었다. 당시에는 국가 사이의 관계를 평등하게 보는 개념이 존재하지 않았고, 힘의 우열에 차이가 있는 대국과 소국은 그것을 반영하여 외교 의례를 행하는 것을 당연하게 여겼다. 사대와 책봉이 상대국의 내정을 간섭하는 것은 아니었으나 외교 관계에서는 국가 간 힘의 우열을 반영했던 것이다. 그래서 고려는 다원적 국제 질서 속에서 독자적 천하관을 가지고 통치권을 존중받으면서 송나라, 요나라, 금나라 등에 사대를 했던 것이다.

능동적 외교 자세를 취하다

힘의 우열에 따라 사대를 하는 것이 당시의 외교 관행이었으므로 고려도 형세에 따라 능동적인 입장을 취할 수 있었다. 고려는 광종 대에 송과 외교 관계를 맺고 책봉을 받았으나, 성종 대에 송이 거란이 차지한 연운 16주를 탈환하기 위하여 군사를 요청하자 시간을 끌다가 겨우 허락했다. 이후 거란의 소손녕이 침략하자 이번에는 고려가 거란에 보복하기 위하여 송에 군사를 요청했고 거절당하자 송과 국교를 끊어 버렸다. 원래 사대와 책봉 관계에는 군사 원조가 포함되어 있는 것이므로 송나라나 고려는 각자의 필요에 따라 군사를 요청했다. 두 나라는 군사 원조 문제를 자국의 이익을 바탕으로 판단했고, 고려는 송이 도움을 주지 않자 외교 관계를 단절했던 것이다.

발해를 멸망시킨 거란을 적대시했던 고려는 거란의 장수 소손녕이 대군을 이끌고 침입하자 강화를 맺고 책봉을 받았지만, 거란과 관계가 확정된 것으로 생각하지 않았다. 그래서 목종 대에 몰래 송에 군사 요청을 했고,

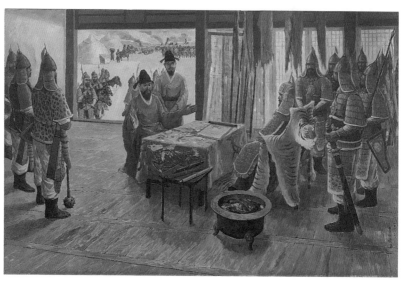

<안융진 담판을 하는 서희>
이인영이 그린 민족 기록화이다. 국제 정세에 밝았던 서희는 대군을 이끌고 온 거란의 소손녕과 마주 앉아 당당하게 담판을 지어 거란을 물러나게 했다. 전쟁기념관 제공

이에 불만을 품은 거란의 성종이 직접 군사를 이끌고 쳐들어왔다. 고려는 현종이 직접 거란에 가서 조회하겠다는 조건으로 화의를 맺었으나 실제로 가지는 않았다. 심지어 거란을 견제하려고 송의 연호를 다시 썼다. 그러다가 현종 때 강감찬이 거란 장수 소배압의 침략을 막아 낸 뒤에야 비로소 거란의 우위를 인정하고 다시 책봉을 받고 거란 연호를 썼다. 이처럼 당시 국제 관계는 형세에 따른 것이었으므로 책봉과 사대에 대해서도 고려는 능동적인 외교 자세를 가질 수 있었다.

거란 글자가 새겨져 있는 거울
고려와 거란의 교류를 통해 유입되
었을 것으로 보인다. 국립중앙박물관
제공

동아시아 국제 관계가 다원적이면서 동시에 형세를 따른 것이어서 송,
요, 금도 고려에 대하여 정치적 요구를 일방적으로 강요하지 못했다. 그래
서 사대를 결정하고 책봉을 받은 고려에 대하여 정치와 외교의 형식에 상
당한 자율권을 주었다.

예를 들어 요나 금은 황제, 황태후, 황태자의 생일을 절일(節日)로 기념했
는데, 이때 고려는 사신을 파견해 축하했다. 이 나라들도 고려 군주의 생일
에 사신을 파견해 축하했는데, 절일의 제정은 성종이 도입한 것으로 황제
국의 제도였다. 이들 국가는 고려가 황제국의 제도를 채택하고 있음을 알
았지만 외교 관계에서 공식적으로 황제를 칭하지만 않으면 허용할 수 있다
는 입장이었다.

거란 사신을 영접하는 의례도 고려의 입장을 배려하는 방식으로 이루어

졌다. 황제의 조서를 반포하는 거란 사신을 영접하는 의례에서 사신은 황제의 위치인 북쪽에서 남쪽을 바라보았으나(남면南面), 고려 군주는 신하의 위치인 남쪽에서 북쪽을 바라보았던 것이(북면北面) 아니라, 주인의 위치인 동쪽에서 서쪽을 바라보며(서면西面) 손님을 맞이했다. 거란의 입장은 고려가 황제의 조서를 가진 거란 사신이 남면을 하도록 허락한다면, 고려가 주인의 입장에서 서면을 하여 능동적인 입장을 취하더라도 상관하지 않는다는 것이었다. 이는 명나라 사신을 맞이하는 의례에서 조선 군주가 북면을 했던 것과 비교하면 국제 관계에 있어 고려의 주체적 입장이 반영되었음을 알 수 있다.

08

고려와 조선 시대 국경 이야기

송용덕

·

　예전에는 근대적 지리 측량 기술로 지도를 제작하기 전이어서 명확한 국경선이 존재하지 않았다. 강이나 산, 나루, 고개 같은 자연 지형물이나 성곽 같은 인공 조형물을 경계 지역으로 인식했다. 명확한 국경선이 없었기 때문에 국경 분쟁이 일어나기도 했다. 고려와 조선은 주변국과 어떻게 국경을 정했을까?

성곽을 축조하여 새로운 땅을 확보하다

고려 시대 지도에 관한 기록을 통해 고려 사람들이 지도로 영토를 파악해 군현을 관리한 사실을 유추할 수 있다. 하지만 고려 지도가 실물로 남아 있지 않아 구체적인 사실을 파악하기는 힘들다. 국경 지역에서 가장 주요한 역할을 했던 인공 조형물은 방어 시설인 성곽이었다. 고려는 건국 초기부터 북방 지역을 개척하려고 힘을 기울였다. 고려 태조 왕건은 고구려 수도였던 평양 지역을 북방 진출의 거점으로 삼기 위해 평양을 서경으로 승격시키고 많은 관심을 보였다. 918년에 태조는 가시덤불이 무성해져서 여진인이 사냥터로 활용했던 평양 지역에 대도호부를 설치하고 성곽을 쌓게 했다. 그리고 성곽을 지키는 군사를 파견하고 백성들을 이주시켜 새로운 개척지를 확보했다.

926년에 발해가 멸망하자 고려의 북방 진출이 상대적으로 더욱 쉬워졌다. 나라를 잃은 발해 유민들이 고려로 투항해 들어왔기 때문이다. 또한 고려의 북방 지역에는 여진인들이 강력한 국가를 형성하지 못하고 부족 단위로 흩어져 살고 있었다.

고려는 국경 지역 거점에 성곽을 축조하면서 영역을 확보했다. 큰 규모의 고을은 주(州), 상대적으로 규모가 작은 지역은 진(鎭)이라 불렀다. 각 주·진에는 방어를 위한 성곽을 쌓았고 군사를 배치했다. 또한 성곽 주변 지역에는 감시 초소 역할을 하는 보루인 수(戍)를 설치했다. 고려는 새로 개척한 지역을 안정적으로 유지하기 위해 남쪽 지방의 백성을 이주시켰다.

함남 정평 비백산 서쪽 장성
함경남도 정평군에 있는 서쪽 장성은 압록강 어귀에서 도련포에 이르는 천리장성의 일부이다. 정평군은 1041년에 정주로 개칭되었다가 1413년에 정평군으로 바뀌었다. 국립중앙박물관 제공

또한 국경 지역으로 이주해 온 발해, 거란, 여진 사람들을 받아들였다.

이러한 방식으로 고려는 태조 대에 청천강 일대의 거점인 안북부를 확보했고 정종·광종 대에는 청천강 이북 지역으로 진출했다. 서북 방면으로 꾸준히 영역을 확장하던 고려는 압록강 유역으로 남하하던 거란과 충돌하게 되었다. 거란의 1차 침입 때인 993년에 서희의 노력으로 거란과 압록강을 경계로 삼는 데 합의할 수 있었다. 고려는 압록강 지역에 거주하던 여진인을 몰아내고 압록강 이동의 강동 6주 지역을 확보했다.

그러나 거란은 1014년에서 1015년 사이에 다시 고려 국경 지역에 군사적 압박을 가했다. 거란은 압록강 하구에 다리를 설치하고 압록강을 건너와 보주(평안북도 의주)에 성을 쌓았다. 고려는 보주 주변에 급히 성곽을 축조해 거란의 군사적 압박에 대비했다. 그리고 1033년부터 1044년 사이에 압록 강 하구 지점에서 동해안에 이르는 지역까지 장성(長城)을 순차적으로 쌓 았다. 1117년에 보주 지역을 회복하면서 압록강 하구 지역에서 일부 변화 가 있었지만, 장성은 고려 국경 지역을 가로지르는 거점 역할을 지속했다. 장성을 기준으로 고려 내부의 땅과 외부의 땅을 구분하는 인식이 점차 뚜 렷해졌다.

국경 지역에서 여진과 다툼이 계속되다

서북 국경 지역에 비해 동북 국경 지역은 군사적 진출이 상대적으로 더 뎠다. 고려가 새로 성을 쌓은 지역은 정주 지역뿐이었다. 동북 국경 지역에 서는 토착 여진인들의 저항이 만만치 않았기 때문이었다. 반면 서북 국경 지역에서는 고려와 거란이 남북에서 협공해 여진인을 몰아냈다.

일찍이 백두산 일대에는 백산부 말갈인들이 부족 단위로 살고 있었다. 말갈은 고려 시대에 여진이라 불렸는데, 이들은 사냥을 하거나 농사를 지 으면서 살고 있었다. 고려는 이들 여진인을 포섭하려 노력했다. 고려는 장 성 이북 지역의 여진 촌락을 기미주(羈縻州)로 개편하면서 고려 영향권에 두

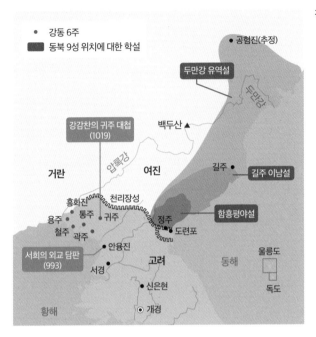

강동 6주와 동북 9성

- 강동 6주
- 동북 9성 위치에 대한 학설

공험진(추정)

두만강 유역설

두만강

강감찬의 귀주 대첩
(1019)

백두산 ▲

압록강

거란   여진

길주   길주 이남설

흥화진   천리장성

용주   통주   귀주

철주   곽주

정주   함흥평야설

도련포

서희의 외교 담판
(993)

안용진

서경   고려   동해

울릉도

독도

신은현

황해   ⊙ 개경

고자 했다. 고려는 여진 추장들에게 새로운 성씨를 내리고 문서에 날인할
수 있는 도장을 하사했다. 여진 촌락 명칭을 고려와 비슷한 주(州) 명칭으
로 변경했고 호구 조사도 했다. 1073년 무렵 고려가 설치한 동북 지역의 기
미주는 정주로부터 700리 지역에 이르렀다. 하지만 때때로 여진인들과의
군사적 충돌이 생겼다.

발해 유민과 달리 고려 국경 지역에 살던 여진인들은 종족·문화 차이로
고려인과 동화하기 어려웠다. 여진인들은 필요에 따라 고려에 투항하거나
이탈했다. 완안부를 중심으로 여진인이 통합되면서 여진 내부의 상황은

복잡해졌다. 완안부는 고려 기미주 지역뿐만 아니라 고려의 장성이 설치된 정주 지역까지 군사를 보냈다. 고려는 장성 너머 기미주 지역에 대한 통제력을 잃게 되자 군사를 동원했고, 고려와 완안부 여진 사이에 군사적 충돌이 본격화되었다.

1104년에 완안부 여진 군사들이 기병을 이끌고 정주까지 들어오자 고려도 군사를 보내 전투를 벌였다. 하지만 고려는 연속된 전투에서 패배했고 장성 이북 지역의 기미주를 모두 잃었다. 절치부심하던 고려는 여진 기병에 대비하고자 별무반을 설치하고 대대적으로 군사를 모집했다. 1107년에 고려는 윤관을 중심으로 17만 대군을 동원해 동북 지역으로 출진했다. 고려 역사에서 17만 대군을 동원한 군사 활동은 상당히 이례적이었다.

고려는 여진 부락들을 간접 지배하는 방식에서 벗어나 요지마다

<윤관 초상>
함경남도 북청군의 사찰에 있는 윤관 초상을 1910년대 초반에 사진으로 찍은 것이다. 국립중앙박물관 제공

성곽을 설치하고 남쪽 지역의 백성들을 이주시켜 신개척지를 직접 지배하고자 했다. 이때 고려가 성곽을 설치한 지역에 대해서는 함흥평야설, 길주 이남설, 두만강 이남설, 두만강 이북설 등 여러 가지 가설이 있다. 지금까지도 여러 가설이 논란이 되는 이유는 관련 사료가 명확하지 않고 남북 분단으로 현지 성곽에 대한 발굴 조사가 불가능하기 때문이다. 동북 9성의 범위에 대해서는 길주 이남설이 지지를 받고 있다.

여진의 군사적 저항은 끊이지 않아 완안부를 중심으로 9성 지역을 포위 공격했다. 결국, 고려는 새로 개척한 지역을 지키지 못하고 1109년에 동북 9성 지역에서 철수했다. 이후 여진과의 국경은 장성으로 굳어졌다.

팍스 몽골리카 시대 고려 국경이 열리다

전 세계를 호령하던 몽골군은 고려 국경 지역으로도 몰려왔다. 고려 국경 지역의 성곽은 1231년부터 1259년에 걸쳐 몽골과의 크고 작은 전쟁을 치루면서 크게 파괴되었다. 많은 고려인이 포로로 몽골에 끌려가거나 몽골군을 피해 섬이나 산성으로 피난했고, 국경 지역의 방어 체제는 무력화되었다. 나아가 동녕부, 쌍성총관부가 설치되면서 고려 국경 지역의 상당 지역이 원나라(몽골 제국에서 바뀐 이름) 영토로 편입되었다.

원의 간섭을 받게 되면서 고려 영내에는 몽골군이 주둔하기도 했다. 고려는 독자적으로 방어를 위한 성곽을 세울 수 없게 되었다. 또한 고려와 몽골 연합군의 일본 원정이 진행되면서 일본과의 군사적 긴장감도 고조되었다. 이에 기존의 북방 지역보다는 해안 지역의 방비가 더 중요해졌다.

원 간섭기에 고려와 원나라의 인적, 물적 교류가 활발히 진행되었다. 고려인의 상당수가 자의 반 타의 반으로 고려를 떠나 요동 지역인 요양(랴오양)·심양(선양)으로 이주하여 집단 거주했다. 또한 이성계 일가처럼 장성 이북의 두만강, 함흥 지역으로 이주하여 여진인, 몽골인과 함께 생활하는 고려인들도 나타나기 시작했다. 원 간섭기의 고려 북방 지역은 많은 고려인이 이동할 수 있는 열린 공간이 되었다.

강줄기를 따라 국경이 그어지다

원나라 영토로 편입된 동녕부 지역은 1290년에 다시 고려로 편입되었다. 쌍성총관부 지역은 1356년에 공민왕이 개혁 정책을 단행하면서 군대를 보내 무력으로 되찾았다. 원 간섭기에 고려는 원나라와 활발히 교류하면서 북방 지역에 대한 지리적 인식을 확대했다. 공민왕은 압록강을 건너 압록강 서쪽 지역의 원나라 역참을 공격하게 했다. 공민왕은 고려 전기에 쌓은 장성을 넘어 보다 적극적으로 압록강 중류 지역을 확보하고자 했다. 1369년에는 압록강 중류인 강계 지역까지 확보하고, 압록강 물줄기를 따라 구자(口子)라는 작은 보초 시설을 설치하여 강변 방어를 강화했다. 이렇게 해서 압록강 중류와 하류 유역은 자연스럽게 고려의 국경 역할을 하게

공민왕 때 되찾은
고려 영토

공민왕 말의 경계

쌍성총관부
폐지 (1356)

위화도

함주(함흥)

동녕부 반환
(1290)

서경(평양)

철령

○개경

되었다.

압록강 중류 지역까지 확보한 공민왕은 다시 압록강을 건너 요동 지역
으로 군대를 보냈다. 공민왕은 1370년에서 1371년 사이에 세 차례에 걸쳐
요동 지역을 공략했다. 이후 고려는 명과 철령위 설치 문제로 갈등이 심화
되자 1388년에 최영 주도로 요동 공략을 단행하기도 했다.

동북 국경 지역도 많은 변화가 있었다. 1356년에 고려는 쌍성총관부를
공격하면서 고려 전기에 장성이 설치되었던 지역을 넘어 합란, 홍헌, 삼살
지역을 확보했고 이어 길주 지역까지 진출했다. 그리고 고려 말기인 1391년
에는 갑주 지역까지 진출할 수 있었다.

1392년 조선 건국 이후로도 압록강 줄기를 따라 영역 확장이 진행되
었다. 국경 지역에 살던 여진인들과 갈등을 겪었지만 계속해서 압록강 상

류 지역으로 진출해 나갔다. 태종에서 세종 대에 걸쳐 조선은 압록강 상류 지역에 여연, 자성, 무창, 우예 4군을 설치하면서 국경을 확장했다. 4군 설치는 1443년에 우예군을 세우면서 완료되었다.

동북 지역에서는 조선 태조 대에 두만강 하류 지역까지 진출할 수 있었다. 그러나 태종 대에 여진과 전투에서 패배하여 일시적으로 두만강 하류 지역을 상실했다. 세종 대에 이르러 두만강 중류와 하류 지역에 회령, 종성, 온성, 경원, 경흥, 부령 6진을 설치할 수 있었다. 1434년에 6진 개척이 시작된 후 1449년에 부령부가 설치되면서 6진이 완성되었다. 이를 통해 두만강 유역에서도 강줄기를 따라 국경 지역 방어 시설이 구축되었다. 조선 전기에 이르러 4군 6진의 설치로 백두산 지역을 제외하고 대략적으로 압록강, 두만강 유역이 국경 지역으로 자리 잡게 되었다.

09

조선을 건국한 북방 출신 이성계와 이지란

신병주

1392년 7월, 조선을 건국한 이성계의 본관은 전주이고, 태어난 곳은 함경도 함흥이다. 조상이 전주 출신인 이성계가 한반도 최북단인 함흥에 연고를 갖게 된 이유는 무엇일까? 이성계의 참모이자 의형제인 이지란 역시 함경도 북청 사람이었다. 최북단 함경도 출신들이 조선 건국에 주도적 역할을 하게 된 과정을 따라가 보자.

이성계는 어떻게 함흥에 연고를 두게 되었을까

《태조실록太祖實錄》총서(總序)를 보면, 이성계 집안이 전주에서 함흥으로 이동하게 된 과정이 잘 정리되어 있다. 이성계의 4대조 이안사(목조)는 선대의 뒤를 이어 전주에서 살았다. 그러다 기생을 두고 산성별감과 다툰 뒤 삼척으로 이주했는데, 산성별감이 안찰사로 삼척으로 오자 고려 고종 때 함경도로 옮겨 가서 경흥을 중심으로 활동했다. 이안사의 아들 이행리(익조)는 아버지의 관직을 이어받았으며, 마찰을 빚은 여진인을 피해 의주에 정착했다. 이행리는 등주(함경도 안변)의 호장 최기열의 딸과 혼인해 이춘(도조)을 낳았다. 이때 이행리는 평안도와 함경도 지역을 중심으로 세력 기반을 형성했다. 1300년에는 쌍성총관부 등 고려 군민(軍民)을 다스리는 다루가치(達魯花赤)의 일을 맡으면서, 지방의 세력가로서 그 기반을 공고히 했다.

이춘은 원나라로부터 아버지의 관직을 이어받고 '발안첩목아'라는 몽골식 이름도 받았는데, 고려 말 함경도 지역은 몽골의 영향이 남아 있었다. 이춘은 박씨와 혼인해 이자춘(환조)를 낳았고, 박씨가 죽자 화주(함경남도 영흥군)로 옮긴 뒤 지역 유력자인 쌍성총관의 딸 조씨와 결혼했다. 이춘의 기반은 함경도 안변이었는데, 거처를 옮긴 까닭은 남쪽에서 온 백성과 가까이할 수 있고, 목축에 편리했기 때문이었다. 이춘은 고려 충숙왕에 충성을 다짐하고 물품을 하사받기도 했다.

이춘은 조선 건국을 암시하는 꿈을 꾸었다고 한다. 꿈에 백룡이 나타나 자신을 구해 달라고 부탁했고, 이춘이 이에 백룡과 흑룡이 싸우고 있을 때

<조선 태조 어진>
국보 제317호로, 곤룡포를 입고 익선관을 쓴 채 정면을 바라보며 용상에 앉아 있는 태조 이성
계의 모습을 그렸다. 어진박물관 제공

　　　조선을 건국한 북방 출신 이성계와 이지란

흑룡을 쏘니, 백룡이 '공의 큰 경사는 장차 자손에 있을 것입니다.'라고 한 꿈 이야기가 그것이다. 1342년에 이춘이 죽자 함흥부에 무덤을 만들었고, 조선 개국 후 이춘이 도조로 추존되어 그 무덤이 의릉이 되었다.

이춘의 관직을 이어받은 이자춘은 공민왕이 본격적으로 반원 자주화 운동을 전개하던 시기에 원나라의 영토였던 쌍성총관부 탈환에 큰 공을 세우며 신임을 받았다. 이 공으로 이자춘은 사복경으로 승진하고 개성 제택(살림집과 정자)을 하사받아 개성에도 기반을 가질 수 있게 되었다. 이자춘이 죽자 공민왕은 '이제 동북면에는 사람이 없다.'라고 하면서 슬퍼했다고 한다. 이자춘은 최한기의 딸과 혼인해 1335년 10월 11일에 화령(영흥)에서 이성계를 낳았다. 다음과 같은 《태조실록》 총서 기록을 보면, 이성계가 젊은 시절 말을 타고 용맹하게 산야를 누볐던 모습을 엿볼 수 있다.

> 나면서부터 총명하고 우뚝한 콧마루와 왕다운 얼굴로서, 신채(神彩, 정신과 풍채)는 영특하고 준수하며, 지략과 용맹은 남보다 월등하게 뛰어났다. 어릴 때 화령과 함주 사이에서 노니, 매를 구하는 북방 사람들이 '이성계 같이 뛰어나게 걸출한 매를 얻고 싶다.'라고 흔히 말했다.

위에서 살펴보았듯이 태조의 4대조 이안사가 전주에서 삼척을 거쳐 함경도 지역에 정착한 이래, 평안도와 함경도 지역을 중심으로 활동하다가 이춘 때부터는 함흥에 완전히 정착해 함흥이 이성계의 주요 활동 무대가

정화릉
함경남도 함흥 경흥리에 있는 태조 이성계의 부모님 능이다. 위쪽에 있는 정릉은 아버지 환조, 아래쪽에 있는 화릉은 어머니 의혜 왕후의 능이다. 국립중앙박물관 제공

되었음을 알 수 있다. 이성계는 홍건적의 침입과 여진족 나하추 세력을 물리치는 데 큰 공을 세우면서 외적의 침입이 잦았던 고려 후기에 새로운 영웅으로 떠올랐다.

이성계와 의형제를 맺은 여진인 이지란

고려 후기 고려는 여진족, 홍건적, 왜구의 침입으로 큰 어려움을 겪고

있었다. 1380년 지리산 일대에 출몰한 왜구의 기세가 특히 위협적이었다. 당시 왜구를 이끌던 인물은 15세 소년 장수 아지바투(阿只拔都)였다. 몽골어로 어린아이를 뜻하는 '아지'와 대적할 수 없는 자를 뜻하는 '바투'가 그 이름이 될 정도로 어린 장수는 고려 곳곳을 누볐다. 함경도 출신 무장 이성계와 여진 출신 이지란이 아지바투 공략의 임무를 띠고 황산(전북 남원 근처)으로 출정했다. 이성계가 활을 쏴 갑옷과 복면으로 무장한

<이지란 초상>
깃이 둥근 단령이라는 관복에 관모를 쓰고 공수 자세를 취한 반신 초상화이다. 조선 초기 공신 초상화의 모습을 엿볼 수 있는 자료이다. 경기도박물관 제공

아지바투를 흐트러지게 했고, 기회를 놓치지 않고 이지란이 아지바투의 목을 쳤다. 대장을 잃은 왜구는 무기력하게 무너졌고, 고려군은 이 전투에서 승리를 거두었다. 황산대첩으로 이성계의 이름은 고려 조정에 널리 알려지게 되었다. 이후에도 이지란은 1385년에 이성계를 따라 함주에서 왜구를 격파해 선력좌명공신에 봉해졌고, 1388년 위화도 회군에 참가한 뒤 1390년 밀직사가 되었다. 1392년 조선 건국 후에는 개국공신에 봉해졌다.

이성계와 함께했던 군사 참모 이지란은 원래 여진인이었지만, 이성계는

그와 형제의 의를 맺었다. 이성계가 이지란을 강하게 신임한 까닭은 함경도라는 공통의 출신 기반도 큰 몫을 한 것으로 보인다. 고려 후기 원나라와 명나라의 세력 교체라는 국제적 격변기에 함경도 지역은 원나라 출신 나하추 세력과 이성계의 선대로부터 이어지는 이씨 세력이 주도권을 놓고 경쟁하고 있었다. 원나라 때 쌍성총관부 설치 이후 공민왕이 이 지역을 수복하는 과정에서 이성계의 아버지 이자춘이 크게 공을 세운 곳이기도 하다. 이성계는 나하추 세력을 진압하기 위해 북방에서 남쪽으로 이주해 온 여진과 우호 관계를 맺었는데, 이때 남하한 여진인 1,000여 명을 이끈 추장이 이지란이었다. 이지란은 북청에 정착하면서 이성계와 인연을 맺었다.

이지란의 원래 이름은 쿠란투란 티무르였다. 쿠란은 성씨, 투란은 이름이며, 티무르는 남자 이름에 붙는 존칭이었다. 나중에 성을 하사받아 청해(북청의 옛 지명) 이씨의 시조가 되었고, 두란을 조선식 이름인 지란으로 바꾸었다. 고려 후기에 이지란은 타고난 무공으로 이성계를 도왔다. 이성계는 계비인 신덕왕후 강씨의 조카딸 혜안택주 윤씨와 이지란을 혼인시키기도 했다. 조선 건국 후 개국공신에 오르고 이성계의 신임 속에 변방의 요직을 계속 차지했던 이지란이었지만, 이성계의 아들 방원과는 사이가 좋지 않았다. 방원이 정몽주 격살을 주도할 당시 이지란에게 함께할 것을 청했으나, 이지란은 이를 거절했다. 이성계가 정몽주 살해 계획을 모르고 있다는 것이 가장 큰 이유였다.

철저히 이성계의 사람이었던 이지란은 방원이 왕위에 오른 후에도 공신에 책봉이 되었지만, 정치에 미련을 두지 않았다. 고향인 동북면으로 돌아가 불교에 심취했다가 1402년에 죽었다. 이지란은 불교에 귀의했는데, 정조때 이긍익이 펴낸 《연려실기술燃藜室記述》에 실린 다음 기록을 보면 이지란이 왜 불교에 귀의했는지 알 수 있다.

말년에 상소하여 사직을 청하기를, "신이 성주를 만나 장수가 되어 남으로 치고 북으로 칠 때에 사람을 많이 죽였습니다. 철권(鐵券 공신에게 주던 문서)의 총애가 비록 극진하나 지옥의 화가 두려우니, 머리를 깎고 승려가 되어 죽은 뒤에 보복을 면하기만 삼가 바랍니다." 하고 그날로 절에 들어가 승려 옷을 입고 집안일을 끊어 버렸다.

한편 《태종실록太宗實錄》 1402년 4월 9일에는 그의 생애를 정리한 졸기(卒記)가 기록되어 있다.

청해군 이지란이 죽었다. 이지란은 동북면의 청주부 사람이다. 옛 이름은 투란첩목아이다. 타고난 천성이 순후한 데다 무재(武才)가 있었다. 일찍부터 태상왕을 따라 정벌하는 싸움터에 나가 승첩(勝捷)하여 마침내 개국공신의 반열에 올랐다. 태상왕이 이를 대접함에 특별히 두텁게 하고, 또 정사좌명공신을 주었다. 병이 더욱 위독해지자 글을 올려 말하기를, "신은 본토의 사람으로 타국에서 죽은즉 시체를 불태워 도로 본토에 장사지내어 전하께서 신으로 하여금 본토의 풍속을 따르게 하소서. 또 전하께서 조심조심 덕을 닦아 영원히 조선을 보전하시기 바랍니다." 하니, 왕이 매우 슬퍼하여 3일 동안 조회를 정지하고 시호를 양렬이라 내렸으며, 장사지내기를 그의 청과 같이 하여 주었다. 세 아들이 있으니, 이화영·이화미·이화수이다.

이지란이 이성계의 총애를 받았다면 아들 이화영은 이방원의 총애를 받으며 화려한 관직 생활을 하면서 동북면 방어에 큰 공을 세웠다. 뿌리는 여진이었지만, 2대에 걸쳐 조선의 건국과 안정에 기여한 것이다.

함흥차사와 건원릉의 억새

태조 이성계 하면 떠오르는 사자성어, '함흥차사(咸興差使)'는 이성계와 함흥의 깊은 연고를 대표적으로 보여 준다. 이성계가 고향인 함흥에 칩거하게 된 계기는 1398년에 다섯째 아들 방원이 왕자의 난을 일으켜 권력을 잡은 뒤 1400년에 태종으로 즉위했기 때문이다. 왕자의 난으로 방석과 최고의 심복 정도전을 잃은 태조는 분노해 결국 태종과 인연을 끊으려고 고향인 함흥으로 돌아갔다. 충과 효를 강조하는 유교 사회에서 부친의 고향행은 태종에게도 정치적으로 큰 부담이었는데, 거듭 사신을 보내 상경을

건원릉
봉분의 흙과 억새는 함흥에 묻히길 원했던 태조의 유지를 받들지 못한 태종이 함흥에서 가져왔다고 한다. 매년 한식에 억새를 베는 청완 예초 행사가 열린다.

요청했지만 태조는 오히려 사신을 참하는 것으로 태종을 용서하지 않겠다는 뜻을 비쳤다. 이 과정에서 나온 말이 바로 돌아오지 않는 함흥의 사신이라는 뜻의 '함흥차사'이다. 실록과 《연려실기술》에는 태조의 함흥주필(咸興駐蹕)이라고 함흥차사에 관한 내용을 기록하고 있는데, 최후로 태조를 설득한 인물로 박순, 무학대사, 성석린 등 다양하게 거론이 되는 점도 흥미롭다. 요즈음으로 보면 여러 버전의 함흥차사 이야기가 전해지는 것과 유사하다.

태종과 화해하고 함흥에서 한양으로 돌아온 태조는 1408년에 경복궁에서 승하했고, 태종은 지금의 구리시 인창동에 봉분을 조성하고 건원릉(健元陵)이라 했다. 건원릉은 다른 왕릉과 차이가 나는데, 봉분에 사초(잔디)가 아닌 억새풀이 심어져 있다. 이것은 고향 함흥을 그리워한 아버지를 위해 태종이 함흥의 억새를 가져와 봉분을 만든 것에서 유래한다고 한다. 《인조실록仁祖實錄》 1629년 3월 19일 기록에도 이러한 정황이 보인다.

홍서봉이 아뢰기를, "건원릉 사초를 다시 고친 때가 없었는데, 지금 본 능에서 아뢰어 온 것을 보면 능 앞에 잡목들이 뿌리를 박아 점점 능 가까이까지 뻗어 난다고 합니다. 원래 태조의 유교(유언)에 따라 북도(함경도)의 청완(억새)을 사초로 썼기 때문에 지금까지도 다른 능과는 달리 사초가 매우 무성했습니다. 그런데 지금 나무뿌리가 그렇다는 말을 듣고 어제 대신들과 논의해 보았는데, 모두들 나무뿌리는 뽑아 버리지 않으면 안 되고, 사초가 만약 부족하면 다른 사초를 쓰더라도 무방하다고들 하였습니다." 하니, 상이 이르기를, "한식에 쑥 뿌리 등을 제거할 때 나무뿌리까지 뽑아 버리지 않고 나무가 큰 뒤에야 능 전체를 고치려고 하다니 그는 매우 잘못된 일이다. 지금이라도 흙을 파서 뿌리를 잘라 버리고 그 흙으로 다시 메우면 그 뿌리는 자연히 죽을 것이다. 예로부터 그 능의 사초를 손대지 않았던 것은 다른 뜻이 있어서였던 것이니 손을 대서는 안 된다."라고 하였다.

위 기록에서 태조의 유언에 따라 아들 태종이 함흥 고향의 억새를 가져와 동구릉의 사초로 썼음을 알 수 있으며, 이후에도 여러 왕들이 태조의 사초를 특별히 관리한 정황이 나타난다. 동구릉에서 가장 먼저 만들어진 왕릉인 건원릉은 이후 다른 왕릉의 모범이 되었다. 그리고 건원릉을 통해 태조와 태종의 갈등과 화해의 장면들을 접해 볼 수 있다. 태조는 이곳에서 젊은 날 말을 달리던 북쪽의 고향 함흥을 그리워하고 있지 않을까?

10

평안감사와
북쪽 최고의 도시 평양

신병주

　'평안감사' 하면 가장 먼저 떠오르는 이미지는 북쪽 최고의 도시 평양에 거주하면서 평안도의 모든 것을 좌지우지하는 인물일 것이다. 김홍도가 그린 것으로 알려진 〈평안감사향연도〉에는 평안감사의 화려한 부임 행렬이 평양의 풍광과 함께 그림으로 묘사되었다. 조선 시대 평양이 가지는 도시로서의 특징과 기록에 등장하는 평안감사는 어떤 모습일까?

유서 깊은 역사 도시 평양

 평양은 유서 깊은 도시이다. 우리 역사 속 첫 국가인 고조선의 도읍지였고, 고구려의 최전성기를 이끈 장수왕이 남하 정책을 펴면서 평양을 도읍지로 삼았다. 조선 후기 실학자 유득공이 옛 도읍지에 대해 회고하며 지은 시를 모은 〈이십일도회고시二十一都懷古詩〉 단군조선편을 보면, 《삼국유사》

〈월야선유도月夜船遊圖〉
조선 후기의 화가 김홍도가 그렸다고 전해지는 〈전김홍도필평안감사향연도傳金弘道筆平安監司饗宴圖〉의 일부이다. 평안감사가 달밤에 대동강에서 베푼 잔치의 모습을 그렸다. 강에는 평안감사가 탄 배를 중심으로 선비, 아전, 악공, 군졸, 관기들이 탄 배 등이 있고, 성곽과 강가에서는 백성들이 횃불을 밝히고 있다.
국립중앙박물관 제공

에 단군이 평양에 도읍하였다.'라고 한 뒤에, '대동강 물결 안개 낀 들판을 적시니 왕검성의 봄빛 한 폭의 그림일세.'라며, 역사 도시 평양의 그림 같은 풍광을 압축적으로 묘사했다. 고려를 세운 태조 왕건은 이곳을 서경이라 하여 정치와 군사 요충지로 삼았다. 1135년에 일어난 묘청의 난은 서경 천도 운동이 좌절되자 묘청이 서경을 기반으로 일으킨 반란이었다. 조선 시대 평양은 서북인(평안도와 함경도 사람을 함께 이르던 말)을 차별하는 중심지로 인식되기도 했다.

이중환이 쓴 《택리지擇里志》에는 '태조가 무장으로 있다가 왕씨로부터 왕위를 물려받았으므로 그를 도운 공신들 가운데 서북 출신의 맹장들이 많았다. 그런데 나라를 세운 뒤에는 서북 지방은 높은 벼슬에 임명하지 말라는 명을 내렸다. 그래서 평안도와 함경도에는 300년 이래로 높은 벼슬을 한 사람이 없다. (중략) 또 나라 습속이 문벌을 중하게 여겨 서울 사대부는 서북인과 혼인을 하거나 벗으로 사귀지 않았다. 서북인 또한 감히 서울 사대부와 더불어 동등하게 여기지 못하였다. 그리하여 서북 양도에는 드디어 사대부가 없어지고, 서울 사대부도 그곳에 사는 자가 없게 되었다.'라고 하여 평안도에 대한 지역 차별이 조선 건국과 함께 시작되었음을 언급하고 있다.

그러나 조선 시대에도 평양의 국방상 가치는 여전히 중요했다. 학자이자 문신인 양성지는 평양을 서경으로 승격시켜 방어의 중심지로 삼아 서북인의 민심을 수습하고 국방을 강화하자고 건의했다. 양성지가 올린 〈평안도

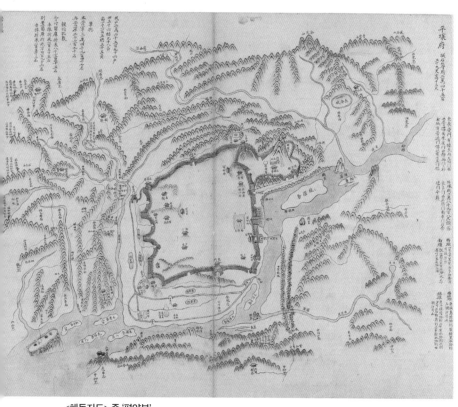

〈해동지도〉 중 '평양부'
〈해동지도〉는 조선 후기에 제작된 것으로, 보물 제1591호이다. 서울대학교 규장각한국학연구원 제공

편의십팔사(평안도를 편리하게 하는 18가지 일)〉에는 평양성의 동북과 동남에
성을 쌓아 대동강변에 연결하고 고성(古城)을 증축하여 평양 방위를 강화할
것을 주장하는 내용이 실려 있다.

영조 대인 18세기 중엽에 제작된 〈해동지도海東地圖〉의 '평양부'를 보면,

평양은 내성, 외성, 중성, 북성으로 나누어져 있다. 내성에는 동문인 장경문, 서문인 보통문, 남문인 함구문, 북문인 칠성문, 정동문인 대동문, 정남문인 정양문이 있었다. 대동문 앞길로 가면 중국 사신을 접대하는 객관인 대동관이 있었다. 조정에서는 중국 사신이 오면 의주에 접반사를 보내 이들을 한양까지 안내하도록 했는데, 의주에는 의순관이라는 객관이 있

의주대로(사신들이 오가던 길)

었다. 당시 사신들이 의주, 평양을 거쳐 한양으로 들어왔음을 알 수 있다.

《중종실록中宗實錄》1537년 3월 4일 기록에는 명나라 사신이 평양에 왔을 때의 모습이 다음과 같이 적혀 있다.

기자묘와 단군묘에 이르러 읍례(揖禮)를 하고 이어 연광정으로 갔는데 기뻐하고 감탄하며 천하에 없는 경치라고 하였습니다. 또 읍호루, 풍월루에 이르러 구경하고 나서 이내 걸어서 대동관 앞의 오산 밑에 이르러서는 친히 손으로 다정(茶亭)을 만져 보고 잡상(雜像)들을 세밀히 관찰하였으며, (중략) 드디어 대동문에 이르러 선 채로 광대들의 잡희를 구경하다가 이어

쾌재정으로 가서 해가 저물어서야 내려왔다.

이 기록을 통해 중국 사신들이 평안감사가 있는 평양에 머물며 큰 접대를 받았음을 알 수 있다. 조정에서는 사신을 접대하는 비용을 평안도에 배정해 평안감사가 자율적으로 집행할 수 있게 하였다.

평양의 경제력과 기록 속의 평안감사

조선 후기에 평양의 경제적 가치는 더욱 커졌다. 외교 관계가 안정되면서 청나라와 무역이 활발해져 평양은 상업과 무역의 중심지로 자리 잡았다. 실학자 서유구가 저서 《임원십육지》에 중국 무역에서 얻는 이익이 국내보다 몇 배에 이르며 평양의 번성함이 한양을 능가했다고 표현한 것도 이러한 분위기를 잘 보여 준다. 19세기에 이르면 평안도 지역에 금광 등 광산이 다수 개발된 것 역시 평양의 경제력이 커지는 데 큰 도움이 되었다.

조선 후기 평안도와 평양의 가치가 커지면서 이곳의 최고 책임자인 평안감사 또한 부와 권력의 상징이 되었다. 여기에 대동강을 중심으로 부벽루, 연광정, 을밀대 같은 문화 유적, 평양 기생들의 명성이 더해지면서 평양이 대표적인 풍류 도시라는 이미지도 굳어지게 되었다. 일부 평안감사의 일탈이 지적되는 경우도 있었다. 1795년 1월 16일의 '평안감사 김사목은 수년 동안 큰 지방의 절도사로 있으면서 뇌물을 날마다 실어 날랐습니다. 그의 아부하는 행태를 보고는 미천한 하인들까지도 얼굴에 침을 뱉고 있으며, 이리처럼 탐욕스럽게 독기를 부리고 있으므로 길가는 사람들도 주먹을 휘두르고 있습니다.'라는 기록을 통해 평양의 경제적 부를 바탕으로 뇌물을 착복하는 일부 평안감사도 있었음을 알 수 있다.

평안감사는 《옥단춘전》, 《이춘풍전》 같은 고전소설에도 등장한다. 소설의 소재로 다룰 만큼 그 이미지가 강렬했기 때문일 것이다. 그런데 이런 소설에서 평안감사는 탐욕과 호색의 이미지로 풍자되는 경우가 많다. 조선후기에 들어와 평생에 꼭 한번은 가 봐야 할 곳으로 인식되던 도시 평양, 그곳에 최고 책임자로 부임했던 평안감사의 지위는 부러움과 질시의 대상이 되었던 것이다. 먼저 《이춘풍전》에 묘사되어 있는 평안감사의 부임 모습을 보자.

> 숲속을 들이달아 대동강변으로 다다르니, 녹수청강 죽려수는 적벽강 큰 싸움에 방통의 연화계, 육지같이 모여든다. 나는 듯이 건너서서 대동문 들어갈 제, 전후좌우 구경꾼이 구름같이 모였구나. 포정루 앞 얼른 지나 종로 거리 썩 나서서 객사에 알현하고 대동문 들어갈 제, 탔던 말을 재촉하여 선화당에 좌정하고 대포수 불러들여 삼성 놓은 후에 각방 관속 대솔 군관 차례로 헌신할 제 차담상 먹은 후에 백여 명 기생들을 각기 점고

---

1) 이은주, <평양이란 도시에서 감사는 어떻게 탐관오리의 대명사가 되었나>, 《도시로 읽는 조선》(글항아리, 2019), 163쪽 재인용.

끝에 (중략) [1]

위의 기록에서 대동문으로 들어오는 감사 행렬을 보기 위해서 많은 구경꾼이 몰려든 모습과 함께 축포가 터지고 백여 명의 기생이 도열한 평양 감영의 모습이 눈에 들어온다. 조선의 관리들 사이에서는 자신의 일생에서 가장 극적인 장면을 그린 〈평생도〉를 남기는 것이 유행이었는데, 영조 때 정치가 홍계희를 주인공으로 그린 평생도에도 평안감사로 부임하는 장면이 있다. 같은 시대 활동한 신광수는 평안도 지역에 관한 시 108수를 〈관서악부〉라는 제목으로 남겼다. 이 중 47수에 평안감사가 부임하는 장면이 다음과 같이 묘사되어 있다.

달 밝은 밤 풍악 울리는 연광정의 잔치에는
붉은 사롱 등불을 서까래마다 달았네.
맑은 강을 두루 비추어 대낮처럼 밝으니
천장에 금빛 강 물결이 비추어 일렁이누나.

《택리지》에 묘사된 평안도와 평양

조선 시대 평양의 역사, 지리, 문화 등이 잘 정리된 대표적 자료는 이중환의 《택리지》이다. 《택리지》에는 평안도와 평양의 모습이 다음과 같이 기록되어 있다.

평안도는 압록강 남쪽, 패수 북쪽에 위치하고 있으며 은나라가 기자를 봉했던 지역이다. 옛 경계는 압록강을 넘어 청석령까지로 《당사唐史》에서 말한 안시성과 백암성이 이 지역 안에 있었다. 그런데 고려 초부터 거란에 차츰 빼앗겨 압록강이 경계가 되었다. 평양은 감사가 다스리는 곳으로 패수 위에 있다. 기자가 도읍하였던 곳이며, 기자가 다스렸던 까닭으로 구이 (九夷) 중에서 풍속이 가장 개명(開明)하였다.

이중환은 무엇보다 기자조선과 평양의 관계를 강조했다. '기씨(기자조선)가 천 년, 위씨(위만조선) 및 고씨(고구려)가 800년 동안 도읍하였고, 한 나라의 중요한 진(鎭)이 된 지도 천 년이 넘었다. 그리고 이 지방에는 아직도 기자가 만든 정전(井田)의 자취와 기자의 무덤이 있다. 나라에서는 묘 곁에 숭인전을 짓고, 선우씨를 기자의 자손이라 하여 전관(殿官)으로 삼아 세습시켜 제사를 받들도록 하였다. 중국 곡부의 공씨가 공자묘를 받드는 것과 같은 이치였다.'라고 하여, 평양에는 기자의 자취가 잘 남아 있음을 언급하고 있다. 중국 사신들이 조선을 찾았을 때도 가장 관심을 보인 사안은 기자조선의 흔적이었다. 《세종실록》에 기록된 세종 때 한양에 온 명나라 사신 예겸과 성삼문이 나눈 대화를 보면 기자묘와 사당이 평양에 있었고, 명나라 사신이 기자에 큰 관심을 보이자 평안감사에게 명하여 기자 사당을 수리

평양에 있는 기자묘와 연광정 국립중앙박물관 제공

할 것을 지시한 내용도 있다.

《택리지》에는 연광정, 부벽루, 영명사 등 평양의 주요 유적지와 이에 얽힌 일화도 적혀 있다.

> 성(城)은 강가에 있고, 절벽 위에는 연광정이 있다. 강 건너 먼 산은 넓은 들판과 긴 숲 너머로 멀리 둘러서 있어, 그 빼어난 아름다움을 말로 다 표현할 수 없다. 고려 때 시인 김황원이 연광정에 올라 하루 종일 깊이 생각하였으나 다만 '긴 성 한쪽에는 넘실넘실 물이요/큰 들녘 동쪽에는 여기저기 산이로다.'라는 연구(聯句) 하나를 지었을 뿐, 더 이상 짓지 못하고 통곡하며 내려갔다는 일화가 있으며, 그 시 또한 아름답지 못하다. 명나라 때 주지번이 사신으로 왔다가 연광정에 올라 큰 소리로 장쾌하다고 부르짖고, '천하제일강산(天下第一江山)'이라는 여섯 글자를 써서 현판을 만들어 걸었다. (중략) 연광정 북쪽에는 청류벽이 있고, 절벽이 끝나는 곳에 부벽루가 있는데, 바로 성 모퉁이 영명사 앞이다.

평양의 상징인 대동강에 대해서는 '강은 백두산 서남쪽에서 나와 300리를 내려오다 영원군에 와서 커져 강이 되고, 강동현에 이르러 양덕·맹산 물과 합치며, 부벽루 앞에 와서 대동강이 된다. 강 남쪽 언덕은 10리나 뻗어 있는 긴 숲이다. 관에서 나무하는 것과 짐승 먹이는 것을 금지하여 기자 때부터 지금까지 무성하며, 해마다 봄여름이면 그늘이 우거져 하늘이 보이지 않는다.'라고 하여, 당시에도 대동강의 랜드마크가 울창한 숲이었음을 기록하고 있다. 대동강변에는 지금도 능수버들이 장관을 이루는데, 평양을 '버드나무의 도시'라는 뜻으로 '류경(柳京)'이라 하고, 평양 상인을 일컬어 '류상(柳商)'이라고 한 것도 이러한 맥락이다. 현재도 평양을 대표하는 호텔의 이름이 '류경호텔'이다.

평양과 안주의 첫 글자를 딴 지명인 평안도에서 가장 큰 도시는 평양과 안주였다. 《택리지》에도 '오직 평양과 안주 두 고을만 큰 도회지로 저자에 중국 물품이 풍부하다. 장사치로서 중국에 가는 사신을 따라 왕래하는 자는 늘 많은 이익을 얻어 부유하게 된 자가 많다.'라고 기록되어 있다. 또한 평안도는 청천강을 기준으로 청남(淸南)과 청북(淸北)으로 칭해졌다. 《택리지》에는 '청남은 내지와 가까워 지방 풍습이 문학을 숭상하나, 청북은 풍속이 어리석으며 무예를 숭상한다. 오직 정주에서만 과거에 오른 이가 많았다.'라고 쓰여 있다.

〈기성전도〉 속 평양의 모습

조선 후기 평양의 모습을 시각 자료와 함께 가장 잘 파악할 수 있는 자료로는 〈기성전도箕城全圖〉가 있다. 〈기성전도〉는 조선 후기 평양의 모습을 대동강에 떠 있는 배의 모습처럼 그린 회화식 지도이다. '기성'은 평양을 가리키는 명칭인데, 기자조선을 세운 기자가 평양에서 정전을 경영했다는

箕城全圖

고사에서 비롯된 것이다. 지도에 묘사된 평양성은 을밀대, 현무문, 모란봉, 부벽루를 연결하는 북성과 만수대, 주작문, 대동문을 연결하는 내성으로 구성된 모습이 상당히 자세하다. 성내에는 민가가 꽉 들어차 있어 당시 번성했던 평양의 모습을 잘 보여 준다. 대동강에는 능라도와 양각도가 그려져 있고 배 20여 척도 있다. 10리에 이른다는 대동강 제방에 두 줄로 나란히 심어진 수양버들의 모습도 볼 수 있다.

〈기성전도〉에는 좌영, 우영, 중영, 전영 같은 군사 시설뿐만 아니라 기자묘·영명사·산신당·용신당 등의 사적지, 을밀대의 송림, 도로, 민가, 지명 등이 자세하게 그려져 있다. 특히 대동강변 향동 지역에는 냉면집들이 즐비한 모습도 그려져 있어 흥미롭다. '평양냉면'의 명성이 조선 후기에도 여전했음을 알 수 있는 장면이다.

11

개성과
개성상인

신병주

    개성은 고려를 건국한 태조 왕건의 기반이었고, 고려 건국 이후에는 500년 가까이 고려 왕조의 수도였다. 그런 이유로 1392년 조선이 건국된 뒤에는 정치적으로 크게 견제받는 곳이 되기도 했다. 조선 시대에도 고려 왕조의 수도로서 구축한 학문적, 경제적 기반과 함께 개성 사람들의 자존심은 상당 기간 유지되었던 것으로 보인다.

조선 건국과 함께 무너진 개성의 자존심

'개성' 하면 떠오르는 이미지는 무엇일까? 고려 왕조의 수도, 개성의 옛 이름인 송도·송악·개경, 만월대, 개성상인, 길재, 서경덕과 황진이 등 다양한 키워드를 떠올릴 것이다.

2013년 6월 '개성역사유적지구'라는 명칭으로 개성에 있는 12개 유적군이 유네스코 세계유산에 등재되었다. 등재된 유적은 개성 성곽, 개성 남대문, 만월대, 개성 첨성대, 고려 성균관, 숭양서원, 선죽교, 표충비, 왕건릉,

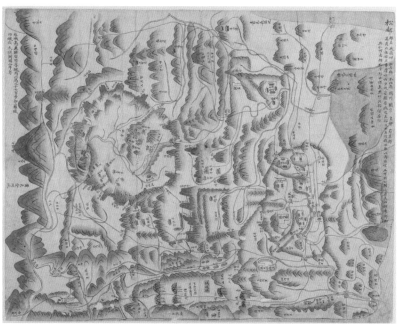

<해동지도> 중 '송도' 서울대학교 규장각한국학연구원 제공

개성 숭양서원
1573년 조선 선조 때 정몽주와 서경덕의 충절과 덕행을 추모하고자 세운 것이다. 흥선 대원군의 서원 철폐령 때도 존속한 개성 지역의 대표 서원이었다. 사진은 일제강점기 숭양서원의 모습이다. 국립중앙박물관 제공

칠릉군, 명릉, 공민왕릉으로 대부분 고려의 역사를 담고 있다. 470여 년 동안 고려의 수도로 기능을 했던 개성은 조선에 와서 어떤 도시가 되었을까?

조선의 건국은 왕조 교체뿐만 아니라 사회·사상·경제적으로 많은 변화를 가져왔다. 신흥 사대부가 중심이 되어 성리학 이념을 바탕으로 건국되었다는 점은 가장 큰 변화였다. 성리학이 조선의 최고 이념으로 자리를 잡으면서 고려 시대까지 주류 사상이었던 불교는 국가 체제 이념에서 완전히

밀려났다.

고려 사회에서는 일부 수용되었던 도가나 풍수지리 사상도 크게 유행하지 못했다. 신분 체제에도 큰 변화가 일어났다. 고려 후기 정치·경제적 특권을 차지했던 권문세족을 대신하여 새롭게 신흥 사대부 세력이 사회의 주축이 되었다.

새로운 사회 질서를 구축하기 위해 태조 이성계가 가장 강하게 추진한 것이 천도, 즉 수도 이전이었다. 고려 왕조의 전통을 유지한 개성은 새로운 국가 건설에 걸림돌이 된다고 판단한 것이다. 정도전 등 개국 공신들조차 우려를 표명했으나 태조는 천도를 강행했고 고려 왕족에 대한 탄압도 서슴지 않았다. 고려 왕족인 왕씨에 대한 태조의 탄압은 일부 야사로 전해 온다. 생육신의 한 사람인 남효온이 지은 《추강냉화秋江冷話》의 다음 기록은 이러한 분위기를 잘 보여 준다.

왕씨가 망하자 여러 왕씨를 섬으로 추방하였더니 신하들이 의논하여 모두 말하기를, 제거하지 않으면 반드시 후환이 있을 것이니 죽여 버리는 것만 못하다고 하였다. 그러나 명분 없이 죽이기는 어려우므로 수영 잘하는 사람으로 하여금 배를 갖추도록 하고 여러 왕씨를 유인해 말하기를, 지금 교서(敎書)가 내려 여러분을 섬 속에 두어 서인(庶人)을 만들라 하신다고 하니, 여러 왕씨가 대단히 기뻐서 다투어 배에 올라탔다. 배가 해안을 떠나자, 뱃사람이 배를 뚫고 바닷속으로 잠수하였다.

왕조 교체에 반대한 개성의 지식인들은 자의반 타의반으로 관직에 나가는 것을 거부했던 것으로 보인다. 그리고 이 과정에서 생업을 위해 자연스럽게 상업 활동을 하는 분위기가 형성되었을 가능성이 높다. 흔히 바깥출입을 하지 않고 집에만 머물러 있는 것을 이르는 말인 '두문불출(杜門不出)'의 고사와도 연결되는 두문동 72현의 이야기는 개성 지역 지식인들의 출사 거부를 보여 주는 대표적인 사례이다. 《영조실록英祖實錄》에는 두문동의 유래를 잘 설명해 주는 다음과 같은 기록이 있다.

> 태종께서 과거를 베풀었는데, 본도의 대족(세력 있는 집안) 50여 가(家)가 과거에 응하려고 하지 않았기 때문에 이 이름이 생긴 것입니다. 그리고 문을 닫고 나오지 않았으므로 또 그 동리를 두문동(杜門洞)이라고 했습니다.

이익이 저서 《성호사설》에 적은 다음과 같은 지적 또한 조선 건국으로 개성 사람들이 당한 차별이 조선 후기까지 이어지고 있는 상황을 짐작할 수 있게 한다.

> 송도의 유민은 모두 왕씨를 위하여 수절하여 곧 형벌을 겪은 자의 후손들로서 그 풍속의 향배를 지금까지도 더러 징험할 수 있는데 서울과 지척의 거리에 있으나 영화와 빈천이 판이하여 임진강이 문득 장벽이 되어 버렸으니 이는 일을 잘 구처하지 못한 것이다.

개성상인들이 널리 배출된 까닭

조선의 건국과 한양 천도로 개성의 위상은 급격히 추락했다. 그렇다고 도시의 기능이 사라진 것은 아니었다. 고려 왕조의 수도로 정치·학문·문화의 중심지였다는 역사적 경험, 교통과 상업이 발달하고 중국 사신의 왕래가 빈번했던 경제·문화의 중심지라는 점에서 개성은 충분히 중요한 기능을 할 수 있었다. 특히 개성을 비롯한 경기 북부의 고양, 장단 등은 육로뿐만 아니라 임진강, 한강 등 수상 교통의 발달로 서울과 교통이 편리해 하나의 학문 교유권을 형성하는 지역이었다. 16세기에 들어와 개성에서 화담 서경덕이 배출되면서 서울, 고양, 개성을 연결하는 화담학파가 형성된 것도 개성 지역의 학문적 기반이 탄탄했음을 잘 보여 준다.

개성 하면 빠질 수 없는 개성상인들의 활약에도 조선의 건국이라는 정치적인 상황이 밀접하게 관련되어 있다. 16세기 개성 지역의 분위기를 보여 주는 자료로는 1648년에 김육 등이 편집한 《송도지》가 있다. 이 책의 '토속(土俗)'조에는 개성 지역의 상업적 면모를 볼 수 있는 자료들이 있다. 남자가 10세가 되면 행상에 종사한다거나, 상업을 업으로 삼으며 본전(本錢)이 없으면 대출하여 사용한다는 것 등의 자료는 이 지역에서 상업이 매우 활발했음을 보여 주는 사례이다.

16세기에 학자 이덕형이 송도의 기이한 이야기를 모아 편찬한 《송도기이 松都記異》에는 개성 지역의 상업적 분위기를 짐작할 수 있는 다음과 같은 내용이 실려 있다.

《송도지》'토속'
서울대학교 규장각
한국학연구원 제공

세대가 멀어져서 고려조의 남은 풍속이 변하고 바뀌어 거의 없어졌는데 오직 장사하고 이익을 추구하는 습관은 전에 비하여 더욱 성해졌다. 그런 때문에 백성들의 넉넉한 것과 물자의 풍부한 것이 가히 우리나라에서 제일이라 하겠다. 상가의 풍속은 저울눈을 가지고 다투므로 사기로 소송하는 것이 많을 듯한데도 순후한 운치가 지금까지 오히려 남아 있어서 문서 처리할 것이 얼마 되지 않았다.

《송도기이》에는 서경덕과 그의 문인인 차식과 차천로 부자, 어의를 지낸 안경창, 서경덕·박연과 함께 송도삼절로 꼽히는 황진이, 서예가 석봉 한호, 시인 임제 등 송도와 관련된 사람들에 얽힌 일화가 수록되어 있다. 또한 개성 지역의 상업적 분위기와 무과 출신자가 많다는 내용 등이 주목된다. 개

《개성부기開城簿記》

19세기 후반 개성상인들이 작성한 거래 장부이다. 그날그날의 거래 사실을 발생 순서대로 적은 일기 형식이며, 모두 5책으로 구성되었다. 각 책의 본문에는 개성상인들이 사용한 여러 부호가 있으며, 조선 후기 개성상인들의 거래 관행과 구체적인 거래 내역도 알 수 있다. 국립중앙박물관 제공

성 유수를 지낸 오수채가 《송도지》를 증보해 1757년에 펴낸 《송도속지松都續志》에는 문과 출신이 10명인데 비해 무과 출신자가 무려 258인이나 기록되어 있는데, 이것은 개성 사람들이 조선 건국 이래로 벼슬길에 나가는 데 많은 제약을 받았다는 증거이기도 하다. 즉 조선 건국 후 실력을 갖춘 개성 사람들이 문과 대신에 무과나 상업으로 자신의 진로를 선택하는 경우가 많았음을 알 수 있다. 실록의 기록에도 서울에 사는 사람과 개성부의 상인들이 의주 사람들과 왕래하며 멋대로 무역을 한 것이 매우 많다는 내용이 있으며, 개성부 주민 모두가 장사를 하는데 괴로움을 견디고 행실을 익히며, 하는 일에 근면하여 경성 사람과는 다른 점이 있다고 적혀 있다.

조선 후기의 실학자 이익은 '조선이 건국된 뒤 고려의 유민들이 복종하지 않자, 나라에서도 그들을 버려 벼슬에 쓰지 않으므로 사대부의 후예들

이 문학을 버리고 상업에 종사하여 몸을 숨겼다. 그러므로 손재주 있는 백성들이 많아서 그곳 물건의 편리함이 나라 안에서 으뜸이다.'라고 하여 개성에 대한 차별 정책으로 상업에 종사하는 사람이 많았음을 지적하기도 했다.

서경덕, 황진이, 전우치의 고장

개성 지역은 유명 인물들과도 관련이 깊다. 개성 출신인 서경덕을 비롯하여 신이한 도술을 부리는 전우치, 기생이라는 신분적인 한계에도 불구하고 당대의 명사들과 학문을 교유했던 황진이 등이 유명하다. 조선 중기 서예의 최고봉인 한호 또한 개성 출신이다. 이들은 모두 재미있는 일화들을 남기면서 민중 속에 그 이름을 깊게 각인시켰다.

《홍길동전》을 지은 허균은 아버지 허엽이 화담학파의 중심이었다는 인연 때문에 개성 지역에 관심이 많았다. 허균은 '화담의 학문은 조선에서 첫째이고 석봉의 필법은 내외에 이름을 떨쳤으며, 근일에는 차씨의 부자 형제가 또한 문장으로 명망이 있다. 황진이 또한 여자 중에 빼어났다.'라고 하여 개성을 대표하는 인물로 서경덕, 한호, 차식과 차천로 부자, 황진이를 꼽았다.

개성의 인물들이 전국적으로 유명해진 까닭은 개성 지역의 상업 발달에서 찾을 수가 있다. 개성 지역의 장사꾼들은 상행위를 위해 여러 곳으로 이동했다. 전국을 기반으로 했던 개성상인들이 자기 지역에서 배출된 서경덕이나 황진이, 전우치, 한호의 이야기를 곳곳에 전파시켰을 가능성이 매우 크다. 개성 지역의 인물들이 개성이라는 지역적 공간을 넘어 전국적으로 널리 이름이 알려지게 된 데는 이들이 큰 몫을 했을 것이다.

조선 시대 개성상인들의 활약으로 개성은 서울에 이어 두 번째 경제 도시가 되었다. 이중환은 《택리지》에 서울에 이어 개성에 상업으로 이익을 취한 거부(巨富)가 많았음을 기록하고 있다.

> 부유한 상인이나 밑천이 많은 큰 장사치는 한곳에 있으면서 재물을 불려 물건을 파는데 남쪽으로 왜국과 통하며 북쪽으로는 중국의 연경과 통한다. 여러 해 동안 천하의 물자를 실어 들여서 혹 수백만 금의 재물을 모은 자도 있다. 이런 자는 한양에 많이 있고 다음은 개성이며 또 다음은 평양과 안주이다. 모두 중국의 연경과 통하는 길에 있어서 거부가 되었는데 이는 또한 배를 통하여 얻는 이익과 비교할 바가 아니며 삼남에도 이런 무리는 없을 것이다.

18세기 학자 이익 역시 《성호사설星湖僿說》 곳곳에 개성이 차별 받았던 현실과 상업적 경향을 언급했다. 이익은 이 책의 〈국중인재國中人才〉에 '지금에 와서 개성의 서쪽 기풍이 좋지 못하다 하여 그 사람들을 배격하고 등용하지 아니하며 함경도도 문화가 발달되지 못하고 인재도 거의 없다.'라고 썼고, <생재生財>에는 '개성은 고려의 옛 서울로서 한양과 가깝고, 서쪽으로 중국의 물화를 무역하여 화려한 것을 숭상하는 풍속이 있으니, 아직도 고려의 유풍이 남아 있다.'라고 기록했다.

500년 고려 왕조의 수도라는 자부심으로 가득 찼던 지역이었지만, 조선 건국 이후 탄압 받은 도시 개성, 이곳 사람들의 선택은 상업과 무과로의 진출이었다. 이러한 정황은 《송도기이》의 다음 내용이 잘 대변해 주고 있다.

<박연폭포朴淵瀑布>
강세황이 개성 유수로 있던 친구 오수채의 초청을 받아 개성 일대를 여행하고 그린 《송도기행첩松都紀行帖》에 실린 그림이다. 박연폭포는 가을 단풍이 아름다워 서경덕, 황진이와 더불어 송도에서 유명한 세 가지, 송도삼절로 꼽힌다. 국립중앙박물관 제공

유성(有成)의 성은 이씨로 네 아들이 있었는데 모두 장사를 하여 부자가 되었다. 또 효도를 다하여 유성은 늙어서도 편안히 살다가 나이 90세 가까이에 죽었다. 그 자손들이 경향(서울과 시골)에 흩어져서 사는 자가 몹시 많았는데, 역시 무과로 벼슬이 수령에서 변장(邊將)에 이른 자까지 있었으니, 이 어찌 적선(積善)한 보답이 아니랴? 지금껏 송도 사람들이 미담으로 여긴다.

12

북쪽 지역이 겪은
왜란과 호란

신병주

    임진왜란과 병자호란은 조선 역사 속 최대의 국난이었다. 임진왜란은 일본군이 부산에 상륙하여 북상한 전쟁이었고, 병자호란은 청나라군이 압록강을 건너 남진하는 전쟁이어서 서로 방향의 차이는 있지만, 전 국토가 전쟁터가 되긴 마찬가지였다. 한반도 북쪽 지역 역시 예외는 아니었다. 왜란과 호란 속 북쪽의 역사 속으로 들어가 본다.

임진왜란과 평양성 전투

1592년 4월 13일에 일본의 도요토미 히데요시는 20만 대군에게 조선 침공을 명했다. 일본군의 빠른 진격 속에 선조는 한양을 사수할 수 없다는 판단을 하고 도성을 떠나 피난을 가기로 결정했다. 왕이 피난을 간다는 소식에 분노한 백성들은 장례원(노비 문서의 관리와 노비 소송을 맡아보던 관아)과 형조뿐만 아니라 궁궐에도 불을 질렀다.

한양을 떠난 선조는 5월 1일 개성에 도착했고, 일본군의 한양 입성 소식에 피난길을 더욱 서둘러 평산, 봉산을 거쳐 5월 7일 평양에 도착했다. 임진강 방어선이 무너졌다는 소식에 선조는 더욱 안전한 곳을 피난지로 선택했다. 여차하면 명나라로 넘어갈 수 있는 의주였다. 왕이 평양성을 떠난다는 소식에 평양의 행궁 앞은 무기를 든 난민들로 가득 찼다. 유성룡이 평양 앞에 강이 있고 백성이 있으며 며칠만 버티면 명나라 구원병이 도착할 것이라고 선조의 의주행을 막으려 했지만 소용이 없었다. 6월 11일 선조는 의주로 떠났고, 이후 평양성은 이원익과 김명원 등의 항전에도 불구하고 바로 일본군의 수중에 떨어졌다.

일본군은 평양성을 점령했지만, 의주 쪽으로 더 이상 진격을 할 수 없었다. 후발 부대의 지원이 전혀 이루어지지 않았기 때문이다. 남해와 황해로 이어지는 바닷길을 이용해 군량과 부대 지원을 계획했던 일본군의 전략이 차질을 빚은 것은 해상을 완전히 장악한 이순신 장군의 활약 덕분이었다.

1592년 7월 한산도 해전의 대승으로 평양성의 일본군은 고립되었고, 평양성을 사이에 두고 조선군과 일본군이 대치하는 국면이 전개되었다. 시간이 지나면서 추위가 시작된 것도 규슈 등 따뜻한 곳 출신이 대다수인 일본군의 전력 약화에 일조를 했다.

1592년 12월에는 이여송이 이끄는 명나라 원군이 지원에 나섰고, 조·명 연합군은 1593년 1월 평양성을 탈환할 수 있었다. 평양성 탈환 이후 조선군은 행주산성에서 대승을 거두었고, 결국 전쟁이 일어난 지 1년여 만인

<평양성 탈환도平壤城奪還圖>
평양성 탈환 과정을 담은 이 병풍 그림은 18세기 말에 만든 것으로, 만든 이는 알 수 없다. 그림 가운데 평양성의 성벽과 성문이 대각선으로 이어져 있고, 그림 오른쪽 위에는 명나라 장수 이여송이 그려져 있다. 국립중앙박물관 제공

1593년 4월 한양을 수복할 수 있었다. 초반 패전의 전쟁 양상을 완전히 바꾸었다는 점에서는 1950년 한국전쟁 때 인천상륙작전의 성공과 서울 수복을 연상시킨다.

광해군의 분조 활동과 후계 검증

임진왜란 초반 일본군의 파격적인 공격에 평양성마저 함락되자 선조의 위기의식은 극히 높아졌다. 자신이 화를 당하면 왕조가 끊길 수 있다는 인식에 이르자 광해군의 왕세자 책봉을 서둘렀다. 그리고 혹시라도 있을 변

고에 대비해 1592년 6월에 분조(임시로 세자에게 임금의 일을 대행하게 하는 것)를 구성했다. 선조가 의주에서 안전하게 피난 생활을 하는 동안 분조를 지휘한 광해군은 근왕병 모집을 위해 평안도, 황해도, 강원도 등 북쪽 지역에서 활동했다. 광해군의 참전 경험은 훗날 왕으로 즉위했을 때 후금과 명나라 사이에서 실리 외교 정책을 펴는 데 큰 역할을 했다.

선조는 광해군에게 임시 조정인 분조를 구성해 평안도 강계로 향할 것을 명하면서 영의정 최흥원, 병조판서 이헌국, 우찬성 정탁 등 대신 15명이 광해군을 수행하게 했다. 분조는 6월 14일 영변을 떠나 맹산, 양덕, 곡산 등을 거쳐 7월 9일 강원도 이천에 도착해 20일간 머물렀다. 여름철이어서 자주 비가 내렸고 광해군 일행은 민가에서 자거나 노숙을 했다. 자신의 안위를 위해 여차하면 중국의 요동 지역으로 가려고 했던 선조의 모습과 대조적으로 광해군은 전장에서 분조를 지휘했다.

분조가 자리를 잡자 피난 갔던 관리들이 모여들었고, 의병을 규합해 분조에 합류하는 사람들도 생겨났다. 정탁이 쓴 〈피난행록避難行錄〉 1592년 7월 17일 기록에는 당시의 분위기를 이렇게 전하고 있다.

> 평양을 지키지 못한 이후부터 온 나라 백성들이 대가(임금이 타던 수레)가 있는 곳을 알지 못하여 크게 우러러 전하를 사모하고 슬퍼하고 있다가, 동궁께서 오셨다는 소식을 듣고 인심이 기뻐하며 마치 다시 살아난 것 같았습니다. 도망쳤던 수령들도 점차 관직으로 돌아오고 호령 역시 행하여

저 회복의 기회가 조금씩 가망이 있습니다.

7월 27일의 기록에도 '경기도의 의병들이 곳곳에서 봉기해 서로 앞다투어 적을 잡아서 적의 형세가 조금 꺾이고 있습니다.'라고 하여 분조가 의병 봉기의 구심점이 되고 있음을 언급하고 있다. 분조가 항전 활동을 하는 시기에 명나라 원병이 조선에 도착했고, 1593년 1월 8일 마침내 조·명 연합군이 평양성을 수복했다.

평양성이 수복된 후 선조는 광해군에게 분조를 대조(임금이 있는 조정)와 합할 것을 명해 분조는 사라지게 되었다. 7개월의 짧은 기간이었지만 광해

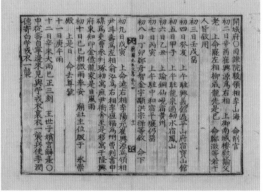

〈피난행록〉
정탁이 남긴 글을 모아 후손 정옥이 펴낸《약포선생문집》에 실려 있다. 〈피난행록〉은 1592년 4월 30일부터 1593년 1월 28일까지 분조 활동을 일기 형식으로 기록한 것이다. 이 글을 쓴 정탁은 광해군의 스승으로 광해군과 함께 전국을 돌며 의병을 독려하고 백성을 위로했다. 또한 이순신이 모함을 받아 감옥에 갇혔을 때 상소를 올려 이순신을 살려 냈다고 한다. 한국국학진흥원 제공

군은 북쪽의 여러 지방을 누비면서 적극적인 항전 활동을 했다. 피난에만 급급한 왕에 비해 풍찬노숙하는 어려움 속에서도 끝까지 의병을 독려한 광해군의 활약은 후계자의 입지를 다지는 데도 큰 힘이 되었다.

외교 정책의 오판과 정묘호란

광해군은 즉위 후 임진왜란의 후유증을 수습해 나가는 한편, 국제 정세에도 세심한 주의를 기울였다. 전통의 우방국인 명나라가 쇠퇴하고, 1616년에 여진족의 추장 누르하치가 한반도 동북 지역을 거점으로 후금(나중에 청으로 바뀜.)을 건국한 것이다. 후금의 국력이 만만치 않음을 간파한 광해군은 후금을 공격하는 데 군대를 파병하라는 명의 요구에도 최소한의 협조만 하는 등 후금을 자극하지 않았다. 오히려 후금의 외교에 적극적으로 임하면서 전쟁 방지에 주력했다.

그러나 1623년에 광해군을 축출하는 인조반정이 일어났고, 반정을 주도한 서인 세력은 광해군 정권이 추진했던 내정이나 외교 정책을 모두 뒤집어 버렸다. 광해군의 외교는 명나라에 대한 전통적 의리를 저버린 파렴치한 것으로 매도되고, '친명배금(親明排金)' 정책이 정부의 공식 노선이 되었다. 그러나 후금은 이제 작은 나라가 아니었다. 1626년에 태조 누르하치가 사망하고 여덟째 아들 홍타이지가 칸으로 즉위했다. 홍타이지는 누르하치보다 조선에 더욱 강경한 입장을 보였다. 조선 정벌을 자신의 권력 기반

강화의 계기로 삼았던 것이다. 1624년 이괄의 난(인조반정에 공을 세운 이괄이 2등 공신이 된 것에 불만을 품고 일으킨 반란)이 끝난 뒤 한윤을 비롯한 반군의 잔당이 후금으로 가서 새 임금이 명나라를 따른다고 보고한 것도 홍타이지의 전쟁 의지를 자극했다.

1627년 1월 8일에 홍타이지가 아민에게 조선 침공을 명했다. 기병과 보병을 합한 후금의 3만 5,000여 병력이 1월 13일 압록강을 넘으면서 정묘호란이 시작되었다. 선봉에는 강홍립, 박난영, 한윤 등 조선 출신 장수들과 통역관도 함께했다. 후금은 출병의 이유로 조선이 명나라를 도와 후금을 공격했다는 것, 명나라 장군 모문룡에 대한 지원을 계속한다는 것, 누르하치가 사망했을 때 조선에서 조문 사절을 보내지 않았다는 것 등을 들었다.

후금의 군대는 순식간에 평안도 의주를 점령했다. 《승정원일기》 1627년 1월 17일의 기록은 의주 함락 소식을 전하고 있다.

<홍타이지 초상>
후금을 세운 누르하치를 이어 황제가 되었으며, 후금의 이름을 청으로 바꾸었다.

금나라 오랑캐 3, 4만이 13일 밤에 얼음이 언 압록강을 건너 몰래 의주를
기습하여 각 수구(물을 끌어 들이거나 흘려 내보내는 곳)로 들어와서 성문
을 지키던 군사를 죽였는데, 부윤 이완은 적병이 성에 올라온 뒤에야 비
로소 알았습니다. 날이 밝을 무렵에 성이 함락되어 성안의 군사와 백성이
모두 도륙을 당했고, 이완 및 판관 최몽량, 별장 등이 모두 죽었습니다.

후금군은 안주, 정주 등을 함락한 뒤 여세를 몰아 평양성과 황해도 황
주를 점령했다. 평양에는 병력 8,000여 명이 있었으나 후금의 기세에 놀라
대부분 성을 버리고 도망쳤다. '정묘년 1월에 철기를 규합해 의주로 들이닥
치니 흉봉(흉악한 칼끝)이 이르는 곳마다 닭과 개의 씨까지 말리고 잇따라
평양과 황주까지 함락시켰다.'라는 기록에서는 사람은 물론이고 가축까지

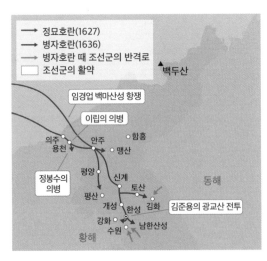

호란의 전개 과정

도륙했던 후금군의 만행을 볼 수 있다.

별다른 방어 대책이 없었던 조선 조정은 후금군의 전격적인 침략에 당황했다. 인조는 1월 27일 황급히 강화도로 피난길을 서둘렀다. 기마병이 주력인 후금군이 바다를 건너기 쉽지 않다는 판단을 했기 때문이다. 강화부 관아에 임시정부를 차린 인조는 대신들과 거듭 대책 회의를 하면서 전쟁의 추이를 살폈다. 명나라 정벌에 총력을 기울여야 하는 후금군은 강화도 공략이 쉽지 않다고 판단했다. 명나라와 관계를 끊고 후금과 형제 관계를 맺으면 철수하겠다는 것이 협상의 골자였다. 격론 끝에 명나라와의 관계 단절은 거부하고 후금과 형제 관계를 맺자는 수정안으로 합의가 이루어졌다. 1627년 3월 3일에 인조는 검은 옷을 입고 강화도 연미정 대청으로 나아가 검은 소와 흰 말을 잡아 놓고 후금과 형제 관계의 맹약을 맺었다. 후금의 침략 이후 50일 만에 정식 화의가 성립되면서 후금군의 철수가 이루어졌다.

침략 지역이 주로 평안도와 황해도 중심의 북쪽이었고, 후금군은 철수하면서도 계속 약탈을 일삼아 이 지역 백성들의 피해는 특히 컸다. 다음과 같은 도원수 장만의 치계(건의안)에서 정묘호란 때 북쪽 지역의 참상을 확인할 수 있다.

산골과 해안 지대에서 아들딸과 재물을 마음대로 쓸어 갔습니다. 지금의 화친은 백성을 살리려는 계책에서 나온 것인데 백성들이 어육으로 돌아가는 지경이 되었습니다. (중략) 평산·서흥·봉산·우봉·신계·수안·재령·해주·신천·문화 등의 읍이 혹독하게 적의 침해를 받아 온통 텅 비었습니다.

많은 사람들이 포로로 끌려가기도 했다. '잡혀간 우리나라 사람은 얼마나 된다고 하던가?'라는 인조의 물음에 이홍망은 '비록 그 숫자를 정확히는 알 수가 없지만 남녀노소 손을 잡고 간 자들이 길을 메웠다고 합니다. 들어갈 때에는 각 장수들이 이들을 나누어 데리고 떠났는데, 심양(후금의 수도, 지금의 중국 선양)은 기근이 들어 노약자들은 이미 굶어 죽었을 것입니다.'라면서 포로들의 비참한 상황을 보고했다.

대책 없이 초래한 병자호란

후금과 형제 관계를 맺는 것으로 일단 전쟁은 종료되었지만, 조선 조정은 정묘호란 후에도 후금에 강경했다. 이제껏 오랑캐라고 무시했던 후금을 형제의 나라로 대접하기에는 너무나 자존심이 상했던 것이다. 여기에 더하여 후금이 통상 조건의 10배가 넘는 무역을 요구해 오자 인조의 분노는 폭발했다. 1634년 인조는 '이기고 짐은 병가의 상사이다. 금나라 사람이 강하긴 하지만 싸울 때마다 반드시 이기지는 못할 것이며, 아군이 약하지만 싸울 때마다 반드시 패하지도 않을 것이다.'라며 전쟁도 불사할 것임을 선언

했다.

1636년 국세를 확장한 홍타이지(太宗)는 스스로 황제라 칭하고, 나라 이름을 후금에서 청으로 바꾸었다. 또한 명나라 정벌에 앞서 그 배후가 될 수 있는 조선을 확실히 장악하기 위해 형제 관계보다도 높은 군신 관계를 요구해 왔다. 청태종의 요구는 인조와 조선 조정을 격분시켰고, 양국 간의 긴장 상황이 더욱 고조되었다. 1636년 11월 말에 청태종은 팔기(八旗)의 군사가 집결한 심양에서 직접 군사를 이끌고 조선을 공격했다. 총병력 12만 8,000여 명에는 몽골족 3만 명과 한족 2만 명이 포함되어 있었다. 12월 8일 마부대가 이끄는 기병 6,000여 명이 별다른 저항을 받지 않고 얼어붙은 압록강을 건넜고, 이것이 병자호란의 시작이었다. 기마병을 중심으로 폭풍같이 쳐들어온 청군은 압록강을 넘어 정주와 안주를 거쳐 5일 만에 한양을 점령했다.

청군에 대항하는 조선의 기본 전술은 '청야견벽(淸野堅壁)'이었는데, 청군과 직접 부딪치지 않고 군민들을 청군이 이동하는 주변의 산성으로 집결시킨 뒤 저항하는 전술이었다. 의주는 백마산성, 평양은 자모산성, 황주는 정방산성, 평산은 장수산성에 군민을 집결시켰지만, 청군은 산성을 공략하지 않고 기마병의 기동력을 십분 활용해 바로 한양으로 진격했다.

12월 15일에 인조는 길이 막힌 강화도 대신 차선의 피난처로 선택한 남한산성으로 향했다. 남한산성은 청의 12만 대군에게 완전히 포위되었고, 인조와 신하들은 행궁에서 방어에 골몰했다. 청군은 포위망을 구축하고 홍이포(중국이 홍이라고 부른 네덜란드의 대포를 모방해 만든 중국식 대포)로 무장한 채 장기전을 펼쳤다. 47일간 버티던 인조는 1637년 1월 30일에 남한산성에서 나와 삼전도(조선 시대에 한양과 남한산성을 잇던 나루, 지금의 서울 송파구에 위치)에서 치욕적인 항복 의식을 행했다. '삼전도의 굴욕'으로 청나라와 군신 관계, 명의 연호 대신 청의 연호 사용, 세자와 왕자를 청나라에 인질로 보내는 등의 굴욕적인 협상을 맺었다.

인조 대의 외교 정책의 오판으로, 북쪽의 산하 상당 지역이 오랑캐의 말

<삼전도의 굴욕>
삼전도비 옆에 세워진 부조상이다. 인조가 삼전도에 나와 청태종에게 치욕적인 항복 의식을 하는 모습을 새겼다. 삼전도비는 병자호란 때 굴욕적인 강화협정을 맺고, 청태종의 요구에 따라 그의 공덕을 적은 비석이다.

발굽 아래 유린이 되었고, 수
많은 백성이 포로로 끌려가
거나 죽임을 당했던 아픈 역
사. 한반도를 둘러싼 주변 강
대국들의 움직임이 심상치
않아서일까? 리더의 국제 정
세에 대한 정확한 판단력과
외교적 역량의 중요성이 더
욱 강조되고 있다.

삼전도비
국립중앙박물관 제공

13

오랑캐라고 불린
여진

이흥권

　고려와 조선 시대에 오랑캐라고 불린 여진은 고려 국경 지대에 옮겨와 살면서 고려에 조공을 했으나 금나라를 세운 뒤에는 군신 관계를 요구했다. 금이 망한 뒤 흩어져 살던 여진은 다시 부족을 통합해 후금을 세우고 조선을 압박했다. 여진이 어떻게 북방 국경 지대에 살게 되었는지, 고려와 조선은 여진과 어떤 관계를 유지했는지 살펴본다.

고려는 여진인을 어떻게 회유했나

여진은 여직이라고도 표현되는데, 고대 중국에서는 숙신·읍루, 남북조 시대에는 물길, 수·당 시대에는 말갈 등으로 불렸다. 요나라 때에는 생여진과 숙여진으로 구분했고, 명나라 초에는 크게 건주 여진, 해서 여진, 동해(야인) 여진으로 갈라졌다.

고려에서는 두만강 유역 일대에 거주하던 종족을 흑수 여진·동여진·생여진 등으로 불렀고, 압록강 유역과 지금의 중국 지린성 일대에 거주하던 종족은 서여진 또는 숙여진이라 칭했다. 12세기에 부족들을 통일한 여진이 금을 건국해 중국 한족이 세운 송나라를 위협하기도 했는데, 몽골족이 세운 원나라에 멸망한 뒤에는 만주 지역에 흩어져 살았다.

그러나 원·명 교체기의 혼란한 시기에 주로 만주 내

<누르하치 초상>
여진족을 통합해 후금을 세웠다.

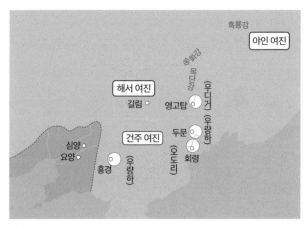

조선 시대 여진 거주지

류의 송화강(쑹화강)과 목단강(무단강)이 합류하는 지역에 거주하던 올량합·
알타리·올적합 등 여진 종족 일부가 두만강·압록강 유역까지 남하하면서
이 일대에 흩어져 살았다. 당시 여진 세력들은 통일된 정치 집단을 이루지
못했고, 이들의 이동 또한 각기 씨족 또는 부족 단위로 이루어졌다.

고려에서는 내조(외국 사신이 오는 것)하는 여진인에게 고려 관직을 주
었다. 실제로《고려사高麗史》와《고려사절요高麗史節要》등을 보면 이 사실
을 쉽게 알 수 있다. 고려에서는 세력이 큰 추장에게는 장군직을, 추장의
부하에게는 향직을 주었다고 한다. 고려 전기에 장군직을 받은 여진인은
총 195명(동여진 163명, 서여진 32명)이고, 향직은 46명이었다.

고려에서 여진인들에게 장군직과 향직을 수여한 목적은 여진인들이 고
려에 내조한 것에 대한 보답으로 지급한 것으로, 고려의 대여진 회유책으

로 보는 것이 일반적이다. 그런데 여진인들의 내조는 조공 체제에 있어서 제후국에 행하는 조공이었고, 고려의 장군직과 향직 수여는 그에 대한 책봉 형식이었다. 고려는 여진인들에게 관직을 주고 회유함으로써 이들을 고려에 복속시켜 고려의 울타리로 삼았던 것이다.

이성계와 여진은 어떤 관계인가

조선을 건국한 이성계와 여진의 관계는 상당히 밀접했던 것으로 보이는데, 조선이 여진인들에게 단행한 최초의 수직(조정에서 외국인에게 관직 임명장을 주는 것)도 이와 관련이 있다. 조선을 건국한 이성계 세력은 동북면(함경도 지역)을 기반으로 했고, 고려 유민과 여진인들로 구성된 사병(私兵) 집단을 거느리고 있었다. 이성계의 사병 집단은 조선 건국에 큰 역할을 했고, 이성계를 도왔던 여진인 이지란이 개국공신에까지 오른 것은 이를 잘 말해준다. 《태조실록》과 〈용비어천가〉를 보면 이성계를 따라 동정서벌(東征西伐)한 여진 추장들이 동북면에 거주한 토착 여진뿐만 아니라 올량합, 알타리, 올적합 등도 같이 종군했음을 알 수 있다. 따라서 조선 건국 후 태조 이성계는 자신을 따라 종군했던 여진 추장들에게 만호와 천호의 벼슬을 주었고, 동시에 동북면을 조선의 행정 구역으로 만드는 데 노력했다. 여진에 대한 포상으로 내조를 허락하고 정치적 지위를 인정해 주었는데, 내조한 여진인들의 경제적 요구도 들어주었다. 조선 개국 후 여진인들에 대한

<조선여진양국경계도朝鮮女眞兩國境界圖>

18세기에 제작한《여지도輿地圖》에 실린 지도로, 서북 지방과 만주 일대를 그렸다. 서울대학교 규장각
한국학연구원 제공

내조와 수직을 시작한 것은 태조 이성계를 따라 종군한 여진인들에 대한 포상에서부터였다고 할 수 있다. 그리고 이것은 동북면에 대한 조선의 영역을 확고히 하고 여진에 대한 조선의 영향력을 유지하려고 실시한 것이다.

조선의 수직 정책은 무엇인가

조선은 여진과 왜인에게 조선의 관직을 주는 수직 정책을 실시했다. 수직 정책은 조선에 향화(왕의 어진 정치에 감화해 그 백성이 되는 것)한 사람들뿐만 아니라 만주, 왜에 거주하는 사람들에게까지 확대 적용되었다.

태조 즉위 한 달 뒤부터 올량합, 알타리, 올적합 등이 내조를 했다. 여진 각 부족의 추장이 내조하여 조선의 왕을 알현하고 방물(특산물)을 바치면 조선은 그에 대한 답례품을 주었고, 여진 각 부족 세력의 강약에 따라 조선의 관직을 내렸다.

태조, 정종을 이어 태종이 즉위하면서 조선과 여진의 관계는 복잡한 양상을 띠게 되었다. 1402년에 안변부사 조사의가 동북면에서 일으킨 반란을 계기로 여진과 관계가 악화되기 시작했는데, 조사의의 난에 동북면 일대 토호 세력과 알타리, 올량합 등도 가담한 것으로 보였기 때문이다. 태종은 처음으로 여진 정벌을 감행하였으나 이것은 오히려 여진의 침입을 초래하여 결국 경원부를 폐쇄하기에 이르렀다. 태종은 여진에게 회유와 정벌

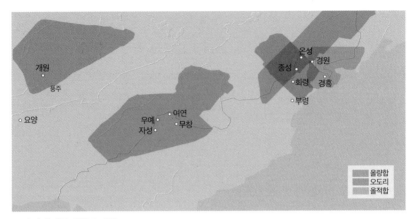

올량합
오도리
올적합

조선 전기 여진의 분포 지역

이라는 강온양면 정책을 실시했다.

태종은 동북면에 주로 거주하면서 귀화한 토착 여진인에게 상대적으로 조선의 관직을 많이 수여했다. 이와 함께 명과 외교적 문제가 되고 있던 두만강 유역에 거주하던 동맹가첩목아를 위시한 알타리 부족 등에게도 많은 수직을 했다. 그리고 김동개(조선에 귀화해 김씨 성을 받은 여진인)를 보내 골간 올적합을 불러들여 편히 살도록 했다. 또한 경원부에서 고기잡이와 사냥을 주로 하며 사는 두칭개가 올량합과 연합해 변방을 어지럽힐까 염려해 두칭개도 불러들이도록 했다. 이것을 보면 조선의 수직 정책이 여진인들을 달래서 조선에 복속시키고 회유하는 수단이었음을 알 수 있다.

태종은 여진 정벌 이후 알타리, 올량합 등의 내조를 받아들이고, 기근을 구제하는 등 회유 정책을 실시하긴 했으나, 여진을 근본적으로 불신하여 내조한 대소 추장들에게 관직을 내리지는 않았다. 1410년 여진 정벌 이후 태종 대의 수직 정책은 귀화하여 조선의 경내에 거주하는 향화 여진인을 중심으로 이루어졌다.

세종 대의 대여진 관계는 여진 세력의 변화에 따라 적극적으로 전개되었고, 수직 제도도 이전 시기보다 더 많이 활용되었다. 세종 대의 수직 여진인의 현황은 세 시기로 구분될 수 있다.

제1기(1419~1422년)는 세종 즉위년부터 상왕 태종이 죽기 전까지로, 이 기간 동안에는 태종의 여진 정책이 유지되었다. 태종은 동맹가첩목아가 명나라에 들어가 벼슬을 받고 조선과 우호 관계를 끊은 일과 1410년 여진 정벌 이후에는 여진을 불신하여 두만강 유역, 동북면 등지에 거주하는 여진인에게는 수직을 행하지 않고 향화(귀화)한 여진인에게만 수직했는데, 세종이 즉위한 후에도 향화 여진인 2인에게만 수직했다.

제2기(1423~1437년)는 태종이 죽은 뒤부터 건주위의 이만주에 대한 두 차례의 정벌을 감행하고 4군 6진을 설치했던 시기이다. 이만주는 조선과 명나라 사이에서 조공과 약탈을 일삼으며 세력을 떨쳤던 대추장이었다. 이 시기부터 여진인들이 대거 수직을 받았는데, 이 역시 조선에 향화한 여진인들을 대상으로 하고 있다. 조선 조정에서 향화 여진인들을 시위자(우두머리를 호위하는 사람)로 대거 등용한 것도 당시 수직 정책의 특징이라고 하겠다.

이들 향화인과 시위자 출신은 대부분 여진 사회 내에서도 하층 계급에 속했으며, 경제적 목적으로 조선에 귀화하거나 시위 살이를 하는 사람이 증가했다.

제3기(1438~1450년)는 이전 시기에 이루어진 4군 6진의 설치와 여진 정벌을 바탕으로 대여진 관계를 적극적으로 전개·확립해 나간 시기이다. 이 시기에 조선의 관직을 받은 수직 여진인은 총 87명으로 급증했다.

1438년 이후부터는 향화인과 시위자는 20인, 두만강·압록강 유역 거주자는 67인으로, 향화·시위자보다도 두만강·압록강 유역 거주자로서 수직을 받은 여진인이 더 많아졌다.

수직 여진인에 대한 대우

조선 초부터 조선과 명나라는 여진을 자국의 통치 아래 두려고 했다. 두 나라는 각각 초유사를 보내 여진에 조공을 권유하고, 조공을 하러 오면 벼슬을 내렸다. 조선에서는 수직 여진인에게 인신(동으로 만든 도장)을 주고 이 도장이 찍힌 서계(신임장)을 가져오는 사람에게 통상을 허락했다. 조선에서 준 인신과 서계가 여진 사회에서 어느 정도 경제적 이권과 정치적 특권으로 통용되었는지는 알 수 없으나, 조선 전기에는 여진이 경성·경원 등지의 무역소 및 6진 부근에서 활발히 무역하고 조선에 입조하는 등 빈번하게 왕래했던 사실로 보아, 인신과 서계는 무역과 조공의 이권을 인정받는 중

서로서 상당한 가치를 지녔을 것이다.

향화하거나 시위에 종사하여 관직을 받은 여진인에 대한 대우를 살펴보면, 향화하여 직에 있던 자들에게는 봄·가을에 겹옷 한 벌, 여름에 홑옷 한 벌, 겨울에 유의 한 벌씩을 주었다.

한편 여진인이 휴가를 얻어 집에 갈 때에는 향화한 지 오래되지 않아서 생계가 어려우면 포마(역참에 있는 말)를 내어 주었고, 오래되어 생계가 조금 튼튼하면 초료(말먹이)와 죽반(음식물)을 주었으며, 이미 오래되어 생계가 튼튼하면 본국 사람의 예로서 대우하도록 하여 시위자의 시위 기일이 오래되고 오래되지 않은 것과 가난하고 부자인 것을 3등급으로 나누도록 한 예도 있었다.

또한 향화하여 시위하는 여진인이 들어가 살 집은 관사나 빈집을 주되 만일 없으면 큰길가에 있는 빈 행랑에다 그들 가구 수의 많고 적음을 요량해 2칸 또는 3칸을 주었다.

향화 여진인은 의녀, 여종, 여종과 양민 사이에 낳은 여성과 혼인하도록 했다. 1448년에는 향화한 여진인의 녹봉 등을 차등을 두어 정하게 했다. 향화인은 1~2년 안에는 의복과 월료(월급)를 주나, 여러 해 된 자는 매 1인에게 쌀·콩을 아울러 10석을 주고, 향화 여진인으로서 4품을 제수 받은 자는 5년을 기한으로 월료의 반을 주었다. 이렇게 정비된 녹봉 지급 체계는 두만강 유역의 여진인들에게까지 일부 확대되었다. 두만강 유역에 있던 모든 수직 여진인에게 녹을 준 것은 아니지만 두만강 유역의 유력 추장에 대한 회유책에서 비롯된 것이다. 그렇지만 녹을 받고자 하는 수직 여진인이 증가하면서 녹봉을 주는 것은 점차 상례가 되었다.

여진인의 종군과 그에 대한 포상

조선은 세종이 4군 6진을 설치한 이후 북방에 거주하는 여진인들의 종족, 규모, 거주지, 거리, 지형, 세력, 동향 등을 파악하고자 노력했으나, 조선의 군사가 여진의 거주지를 정확히 숙지 또는 탐색하는 것은 어려웠다. 따라서 여진인 향도(길을 안내하는 길잡이)의 역할이 중요하게 되었으며, 향화인의 활약으로 조선에 협력하지 않는 여진인을 정벌하기도 했다. 정벌·토벌에 종군한 여진인에게 포상을 주는 방법은 조선의 관직을 제수하고 물품을 하사하는 것이었다. 군공을 3등급으로 나누고, 이미 관직을 받은 수직 여진인들은 관직을 올려 제수하고, 그렇지 않은 자들은 새로이 관직을 제수했다. 《조선왕조실록朝鮮王朝實錄》을 통해서 확인되는 이들 여진 종군자의 명단, 즉 포상자 명단에 있는 여진인은 총 138명이고, 기록에 없는 여진인들까지 포함하면 이보다 훨씬 많았을 것으로 짐작할 수 있다.

이전까지 조선의 여진 정벌에 있어 여진인이 종군한 것을 보면 주로 향화인이 통사(통역) 또는 향도로써 활동을 한 반면, 모련위 정벌에는 대부분 두만강 유역에 거주하던 올적합, 올량합, 알타리 등의 여진인들이 종군했다. 여진인들의 대립을 이용하면서 여진인을 여진 정벌에 참여시킨 것은

지역 차별과 세도 정치를 극복하자

홍경래의 정확한 출생 연도는 알 수 없다. 난을 일으켰을 때 나이에 대해 20대 후반에서 40대 중반까지 여러 견해가 있는데, 40대 초반일 가능성이 높다. 거주지는 평안도 용강군 다미동이었으며, 평민 가운데서도 하층민으로 살았던 것으로 보인다.

홍경래가 봉기를 일으킨 까닭은 평안도 지방에 대한 지역 차별 철폐와 외척의 세도 정치 모순을 없애기 위해서였다. '나이 어린 임금 아래에서 권세가 있는 간신배들이 국권을 농단하니 백성의 삶이 거의 죽음에 임박하였다.'라고 하면서 백성들의 힘을 모아 갔다.

19세기에 왕의 최측근이나 외척 세력이 권력을 휘두른 세도 정치 아래에서 가장 고통을 받게 된 계층은 가난한 농민들이었다. 농민들은 고향을 버리고 유민(流民)이 되어 떠돌아다니거나 산속에 숨어 살며 화전민이 되거나 농한기에 광산에서 임금을 받고 일하기도 했다. 농민 중에는 국경을 넘어가 간도나 연해주에 이주하는 경우도 적지 않았다.

한편 가난한 농민층과는 달리 도매업 등을 해서 대상인이 되거나 상업적 농업으로 부농이 된 사람들은 경제적으로 성장한 만큼 사회적, 정치적 지위가 따르지 못한 데 불만을 가지게 되었다. 이들은 양반 신분을 위조해 양반이 되거나 일부는 향임(지방 수령을 보좌하던 향소의 일을 맡아보던 좌수, 별감 같은 사람)이 되기도 했으나 중앙으로 진출할 수 있는 벼슬길은 거의 봉쇄되었다. 홍경래가 일으킨 봉기에 대상인과 요호부민(饒戶富民)이라 불린 부농들이 다수 참여한 것도 이러한 까닭에서였다. 또한 농촌에서 광범한 하층 양반층을 이룬 향반이나 잔반들도 반란 대열에 합류했다. 이들은 어느 정도의 지식과 경륜을 갖추고 있었으나 출세의 길은 막히고 경제적 처지도 농민과 다르지 않아 사회 변화의 물결에 쉽게 동요될 기질을 가지고 있었다.

홍경래의 난은 흔히 '평안도 농민 전쟁'이라고도 부르는데, 농민군이 다수 참여한 농민 전쟁의 성격을 띠고 있었기 때문이다. 농민들의 불만은 이미 18세기 중엽부터 무장 집단의 형태로 나타났다. 횃불을 들고 화공을 일삼는 명화적이 횡행했으며, 수적이라 하여 바다나 강을 무대로 약탈을 일삼는 무리들도 생겨났다. 19세기에 들어와 민중의 불만은 한층 조직적인 형태로 확산되었다. 처음에는 가혹한 정치를 그만두라고 요청하는 소청 운동으로 나타났고, 때로는 정부와 탐관오리를 비방하는 방서, 괘서(벽보) 사건으로 표출되었다. 1804년 서울 도성의 4대문에 '관서비기(關西秘記)'라는 벽보가 붙은 것을 비롯하여 안악, 청주 등지에도 비슷한 사건들이 일어났으며, 세금을 거부하는 항조·항세 투쟁도 점차 격화되어 갔다.

산발적으로 전개되던 저항의 양상은 1810년대 이후 대규모 반란의 형태로 발전했다. 반란의 횃불을 먼저 들고 나선 지역이 평안도라는 것은 시사하는 바가 크다. 평안도가 봉기의 선도 지역이 된 것은 광산이 많고, 대외무역을 통하여 의주 상인, 평양 상인 등 대상인으로 성장한 이가 많았던 점도 주요한 원인이었다. '평안감사도 저 하기 싫으면 그만'이란 말은 그만큼 이 지역이 경제적으로 풍요했음을 의미하는 말이다. 그러나 평안도 지역의 이러한 경제적 선진성은 오히려 중앙 정부로 하여금 수탈을 가중시키는 요인이 되었다. 단군조선·기자조선의 문화 전통을 계승했다고 자부하는 평안도 지역의 자존심마저 지역 차별로 무참히 짓밟혀지는 실정이었다. 조선 후기 이중환이 펴낸 인문 지리서인 《택리지》의 '평안도에는 300년 이래 높은 벼슬을 한 사람이 없고, 서울 사대부는 이들과 혼인하거나 벗하지 않았다.'라는 기록 역시 이러한 분위기를 잘 보여 주고 있다.

초반의 승리와 정주성의 함락

1811년 12월 18일 저녁, 홍경래는 평서 대원수의 직함으로 다복동에서 하늘에 제사지내며 다음과 같은 격문을 낭독했다.

> 평서 대원수가 급히 격문을 띄우니 우리 관서의 부로자제(父老子弟)와 공사
> (公私) 천민은 모두 이 격문을 들으라. 무릇 관서 지방은 단군조선의 터전
> 으로 예부터 문물이 빛나고 임진·병자의 전란을 극복하는 데 큰 공을 세
> 운 인물이 난 자랑스러운 곳이다. 그런데도 조정에서는 이 땅을 천시하니
> 어찌 억울하고 원통하지 아니한가? 현재 왕의 나이가 어려 김조순, 박종
> 경 등 권신의 무리가 국권을 농단하여 정치는 어지럽고 백성은 도탄에 빠
> 져서 헤어날 길을 모르고 있다. (중략) 다행히 세상을 구할 성인이 탄생하

셨으니 그 분은 철기 10만으로 부정부패를 척결할 뜻을 가지셨다. 그러나 이 관서 지역은 성인께서 나신 고향이므로 차마 밟아 무찌를 수가 없어 관서의 호걸들로 하여금 병사를 일으켜 가난한 백성들을 구하도록 하였으니 각 군현의 수령들은 동요하지 말고 성문을 활짝 열어 우리 군대를 맞으라. 만약 어리석게도 항거하는 자가 있으면 철기 5,000으로 밟아 무찔러 남기지 않으리라.

이 격문의 작성자는 반란군 참모 김창시로 알려져 있으며, 내용 중 세상을 구할 성인은 《정감록鄭鑑錄》에 나오는 정진인(鄭眞人)을 지칭하는 것으로 보인다. 《정감록》은 조선 시대 민간에 널리 퍼진 예언서로, 정씨 성의 진인(도를 깨쳐 진리를 깨달은 사람)이 나타나 조선이 망하고 새로운 세상이 온다는 내용이 실려 있다.

홍경래는 10여 년간의 오랜 세월 동안 치밀하게 거사를 준비했다. 노비의 아들로 홍삼 무역업에 종사했던 우군칙, 우군칙의 제자 김사용, 의주 상인 이희저, 유학자 출신 김창시, 평민 홍총각 등 다양한 계층의 인물들을 휘하에 끌어들였다.

반란군의 수뇌부는 거의 평안도 출신이었다. 우군칙은 평안도 태천 출신으로, 풍수와 점술에 밝아 홍경래의 모사로 활약했다. 가산 지역의 거부인 이희저는 인삼 무역에 종사하는 상인들을 끌어들여 자금을 조달했고, 광산촌의 노동자들을 병사로 참여시켰다. 이희저는 가산의 역노(역참에서

심부름하던 사내종) 출신으로, 광산 경영에 참여해 재산을 모았다. 진사 김창 시는 곽산 출신으로 문장력을 발휘해 격문 작성을 주도했다. 홍총각은 어 염(생선과 소금)을 판매하던 평민 출신으로, 나이가 들도록 장가를 가지 못 해 홍총각으로 불렸다.

　10여 년간의 준비 끝에 일으킨 거사인 만큼 초기 반란군의 위세는 대단 했다. 처음 가산군 다복동에서 1,000여 명의 병력으로 군사를 일으킨 홍 경래의 반군 세력은 평안도 지역의 광범위한 호응을 얻어 순식간에 청천강 이북의 여러 군을 점령하는 전과를 올렸다. 다복동이 반군의 거점이 된 것 은 이곳이 가산과 박천 진두장 가까운 곳에 위치해 있고, 산줄기를 양옆에 끼고 있는 한적한 지역이어서 외부에 쉽게 노출되지 않았기 때문이었다. 그러나 전열을 정리한 관군의 반격이 시작되었다. 12월 29일 홍경래군은

홍경래군이 점령한 지역과
관군의 토벌 진격로

<순무영진도巡撫營陣圖>

1812년 홍경래의 난 진압 당시 현지에 파견된 진압군 소속의 화원이 그린 그림이다. 순무영은 전쟁이나 반란이 일어날 때 임시로 설치된 순무사의 군영을 말한다. 그림 뒤에 쓰인 해설에 따르면 2월 29일 정주성 동북부 방향의 군진 상황을 그렸다고 한다. 진압군은 봉기군의 습격을 피해 부대별로 목책 속에 들어가 있는데, 지휘관 막사·기병과 보병의 모습·군량과 군기 등 조선 후기 군대의 모습이 잘 표현되어 있다. 서울대학교 규장각한국학연구원 제공

박천의 송림 전투에서 관군과 처음으로 접전을 벌였는데, 예상외로 완강한 관군의 저항에 밀려 수백 명의 희생자를 남기고 정주성으로 퇴각했다.

전쟁 상황은 반군들에게 점차 불리해져가고 있었다. 반군의 수뇌부가 최후의 거점인 정주성에 들어가고 농민군 2,000여 명이 마지막 저항에 나섰다. 관군은 1812년 1월 15일 윤제라는 큰 사다리를 60여 개나 만들어 공격에 나섰지만 반군의 거센 저항으로 일단 후퇴했다. 4월에 관군은 정주성을 점령하기 위해 땅굴을 파서 성벽을 폭파하는 작전을 세웠다. 4월 3일부터 보름 동안 굴착 작업이 이루어졌고, 4월 19일 새벽 1천 800근의 화약을 설치해 성 북쪽 벽을 폭파했다. 이어 밀물같이 진군한 관군이 정주성을 함락했다. 군사를 일으킨 지 4개월 만의 일이었다.

홍경래는 남문 부근에서 탄환에 맞아 전사하고, 홍총각은 체포, 우군칙은 도주 후 체포되어 처형당했다. 당시 관군에 체포된 자는 총 2,893명으로 이 가운데 10세 이하 어린이를 뺀 1,917명이 처형당했다. 엄청난 희생자를 내면서 홍경래의 봉기는 막을 내렸다.

김익순의 길과 정시의 길, 그리고 김삿갓

홍경래가 주도한 반란군의 기세가 평안도 지역을 휩쓸었을 때 평안도에 파견된 수령들 다수가 반군의 위세에 눌려 제대로 힘을 써 보지도 못하고 항복했다. 선천부사 김익순, 철산부사 이창겸, 곽산군수 이영식, 정주목사

《신미록辛未錄》
'홍경래실기' 또는 '홍경래전'이라고도 한다. 조선 후기에 홍경래의 난을 소설로 쓴 것으로 작자는 모른다. 한국학중앙연구원 장서각 제공

이근주 등이 그들이었다. 김익순은 당대 최고의 명문가 안동 김씨의 후예라는 점 때문에 더욱 거센 비판을 받았다.

이들과는 달리 반군에 강하게 저항한 수령도 있었다. 가산군수 정시가 대표적인 인물로, 반군의 위세에 눌려 휘하의 군사들이 모두 도망가는 상황에서도 홀로 관아를 지키면서 반군에게 저항했다. 정시는 끝까지 관인(官印)을 지키는 과정에서 반군의 칼을 맞고 죽었다. 반란이 진압된 후 순조는 정시를 병조판서로 추증하고, 정주성의 남쪽에 표절사라는 사당을 세워 그의 충절을 기렸다.

홍경래의 난이 끝나고 세월이 흐른 뒤 김병연이란 선비가 지방에서 향시

에 응시했다. 시험의 제목은 '가산군수 정시의 죽음을 논하고 하늘에 사무치는 김익순의 죄를 탄식하라.'는 것이었다. 김병연은 '한 번 죽어서는 그 죄가 가벼우니 만 번 죽어 마땅하다.'라고 자신 있게 김익순을 비판하고 정시를 찬양하는 글을 썼다.

하지만 장원 급제의 기쁨도 잠시뿐, 자신이 비판한 김익순이 바로 할아버지라는 사실을 알게 된 김병연은 자책감으로 삿갓을 쓰고 죽장(竹杖)에 의지하며 천하를 떠돌아다녔다. 그 김병연이 풍자 넘치는 시를 많이 지은 방랑시인 김삿갓이다. 이처럼 홍경래와 김삿갓 두 사람 사이에는 기묘한 인연이 있었던 것이다.

홍경래 난의 의의와 한계

비록 실패로 끝났지만, 홍경래의 난은 19세기 조선 사회를 저항의 시대로 열어 나가는 원동력을 제공했다. 농민들에게 홍경래는 죽어 사라져 버린 존재가 아니었다. '홍경래가 살아 있다.' '정주성에서 죽은 홍경래는 가짜다.' '홍경래가 우리를 도우러 온다.'라는 등의 이야기가 10년이 넘도록 세간에 떠돌았다. 홍경래의 난은 성공한 봉기가 되지는 못했지만 홍경래의 행적은 백성들에게 깊이 각인되었고, 이것은 소설 《홍경래전》(신미록이라고도 함.)을 통하여 그가 영웅으로 재탄생하게 되는 계기가 되었다.

홍경래의 난은 비록 평안도 지역에 국한된 농민 항쟁으로 그쳤지만, 세

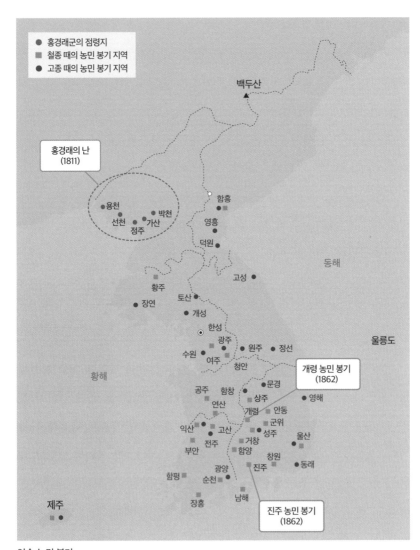

● 홍경래군의 점령지
■ 철종 때의 농민 봉기 지역
● 고종 때의 농민 봉기 지역

백두산

홍경래의 난
(1811)

용천
선천　박천
정주　가산

함흥
영흥
덕원

동해

황주
장연
토산
개성
고성

한성
광주
수원　원주　정선
여주　청안

황해

공주　함창　문경
연산　상주
개령　안동
익산　고산　군위
전주　성주
부안　거창
함양
광양
함평　순천
장흥　남해

영해

울산

창원
진주　동래

울릉도

개령 농민 봉기
(1862)

진주 농민 봉기
(1862)

제주

임술 농민 봉기
임술년인 1862년에 경상도 진주에서 시작된 농민 봉기는 전국으로 확산되었다.

도 정치 아래 수탈에 허덕이는 농민들의 의식 성장에는 중요한 계기가 되었다. 50년 후인 1862년 진주를 중심으로 일어난 임술 농민 봉기는 경상도, 충청도, 전라도 등 삼남 지방뿐만 아니라 전국 곳곳으로 퍼져 나가 전국적인 민란으로 발전하게 된다. 전국적으로 일어난 농민 반란으로 조선 사회는 점차 해체의 길로 접어들게 되었다.

15

국경을 넘는
사람들

이흥권

　19세기 중엽부터 조선 정부의 북쪽 국경 지역 개발 정책에도 불구하고 한인들의 만주 이주는 계속 진행되었다. 일시적으로 국경을 넘는 것보다 경작을 하기 위한 이주가 더 많아져 그 규모가 수백 호에 이르렀다. 이렇게 되자 조선에서는 이들의 이주를 막기 위한 대책을 세웠으나 만주로 향하는 한인들의 길을 막을 수 없었다.

압록강과 두만강을 넘을 수밖에 없었던 까닭은

19세기 초부터 조선 북부에서는 장마와 가뭄이 연이어 발생했고 그중 평안도는 전염병이 가장 심했다. 1842년 평안도 만포와 상토 지역에 살던 한인들이 압록강 북안으로 넘어가 땅을 개간하고 집을 지었다. 또 1845년부터 1850년까지 한인 39명이 압록강 상류 북안으로 이주했다. 압록강 북안은 두만강 지역보다 봉금(청나라가 한인의 만주 출입을 금지한 정책인데, 1870년대에 만주 개발을 이유로 봉금을 해제했다.) 해제가 빨라 조선인들의 이주에 유리했다. 조선 후기 압록강 북쪽 해안 일대에 사는 사람들의 생활을 조사한 《강북일기江北日記》를 보면, 1850년대부터 이곳에 이주해 생활하는 1,500여 호 한인들의 모습이 생생하게 기록되어 있다. 청 관리들이 와도 한인들이 약간의 돈을 주면 걱정 없이 농사를 지을 수 있었다고 한다.

1860년대에 유이민이 급속히 증가한 이유는 조선 북부 지방의 자연재해와 밀접한 관련이 있다. 1869년과 1870년에 함경도에서 유사 이래 보기 드문 큰 수재(水災)로 흉년이 들자 수많은 백성이 굶어 죽는 비참한 상황이 발생했다. 특히 경원과 경흥 지역이 가장 심각했는데, 사람이 사람을 잡아먹는 지경에까지 이르렀다고 한다.

한인들이 처자식을 데리고 월강을 하게 된 또 다른 이유는 부패한 관리와 토호 세력들의 수탈과 가혹한 통치 때문이었다. 부패한 관리와 토호 세력은 온갖 세금을 거두어들였고, 송사를 공정하게 처리하지 않았다. 흉년이 들어 지방 정부에 구조를 호소하면 붙잡혀 가서 매를 맞거나 감옥살이를 하기도 했다. 정부 또한 환곡과 요역을 줄이거나 면제해 주지 않고 오히려 가혹하게 거두어들이다 보니 백성이 살 수가 없었다.

국경 지역에서는 조선 상인과 청나라 상인이 거래하는 개시 무역이 이루어졌는데, 개시를 여는 비용은 조선 정부에서 부담했다. 하지만 조선 정부는 비용 일부를 개시가 열리는 지역에 떠넘겨 심각한 사회 문제가 되었다. 당시 경원 개시가 있었던 함경도 경원부에서 부담한 비용은 곡물로 계산하면 8,720석이나 되었다고 한다. 그러나 국가에서 부담하는 비용은 전미(좁쌀) 350석, 보리 200석에 불과했다. 부담을 이기지 못한 백성들은 극형으로 다스리던 월강죄를 무릅쓰고 압록강과 두만강을 건너 이주했다.

한인들의 이주 형태는 대부분 가족 단위로 이루어졌고, 먼저 정착한 친지의 권유나 동향 사람들을 찾아 이주하는 경우가 많았다. 새롭게 형성된 촌락의 명칭도 국내에서 거주하던 촌락의 명칭을 그대로 옮겨 오기도 했는데, 청산리·어랑촌·부녕촌 등이 대표적이고, 대체적으로 한인이 모여 사는 곳은 고려촌·고려골·고려마을이란 명칭이 많았다.

한편, 조선은 17세기부터 무단으로 국경을 넘는 한인을 엄격히 관리하고 가장 큰 형벌인 사형을 내리기도 했다. 18세기와 19세기에도 압록강, 두만강을 넘은 범월 한인에 대한 형벌은 줄지 않아 거의 사형으로 처리되었다. 도망간 사람들의 집과 토지는 관리들이 소유했다.

조선 정부는 범월 사건이 늘어나자 국경을 제대로 관리하지 못한 관리에게도 엄한 처벌을 내렸는데 섬 같은 곳으로 멀리 유배 보내거나, 징계 또는 면직하기도 했다. 반대로 한인들을 고향으로 다시 데리고 왔을 때에는 관리들의 책임을 면해 주거나 공을 인정해 주었다. 또한 국경 지역 인구 유실에 대한 대비책으로 조세, 환곡, 요역을 완화하는 정책도 실시했다.

고종은 1876년과 1880년 두 차례에 걸쳐 두만강 북안 지역 백성에게 조선은 오래된 역사를 가지고 있으며, 왕은 부모이고 백성은 자식이니 백성이 죄를 지어도 용서할 수 있고, 관리의 부패로 백성이 고통을 받고 있음을 알며, 흉년으로 사정이 좋지 않지만 곧 좋아질 것이고, 이웃 나라에 유혹되지 말며, 돌아오면 모두 용서할 것 등에 대한 말을 전했다.

조선의 경진 개척과 청에 대한 대응

청 정부는 만주를 자신들의 발상지라 여기고 장기간의 봉금 정책을 실시했으므로 많은 지역이 황폐하고 인력·재력·물력이 모두 고갈되어 있었다. 청은 만주 지역을 지키고 통치를 강화하기 위하여 봉금 정책을 해제하고 이곳에 자국민을 이주시키는 이민실변(移民實邊) 정책을 실시했다. 두만강 이북 지역으로 이주한 청나라 사람들은 일확천금을 노리고 독신으로 들어온 유랑민이거나 유배 왔다가 풀려난 사람들이었다. 황무지를 나누어 받은 청인 대부분은 경작할 능력이 없어 한인들을 고용하여 경작하거나 황무지를 한인들에게 팔아 이익을 도모했다. 이것은 청의 이민실변 정책의 한계를 보여 주는 것이었다.

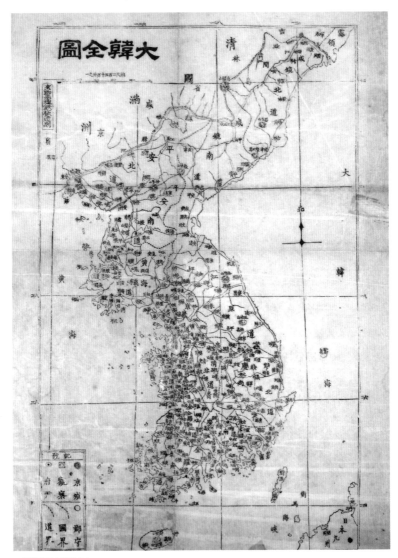

<대한전도大韓全圖>

1899년에 대한제국 학부편집국에서 펴낸 지도이다. 북간도가 우리나라 영토에 편입되어 있다. 무릉박물관 소장, 호야지리박물관 자료 제공

1880년(경진년)에 회령부사 홍남주가 한인들을 두만강 북안 지역으로 대거 이주시켜 땅을 개척하도록 했는데, 이를 경진개척이라 한다. 경진개척은 조선 북부 지역의 민생고를 해결하기 위한 조치였고, 봉금 이래 처음으로 지방 관리의 비호를 받으며 진행된 집단적인 개척이었다. 초기에는 회령 북안에 있는 100여 정보(1정보는 3,000평으로 약 9,917.4㎡)를 개척하려고 했으나, 1881년부터 두만강 북안의 길이 500리, 넓이 40~50리에 이르는 광활한 지역으로 급속히 확장되었다. 청 관리들도 한인들의 개간을 기정사실로 받아들여 한인들의 거주와 개간을 허용하고 그들로부터 세금을 징수하려 했다. 이것은 경진개척을 계기로 사실상 북간도 개척의 주력군으로 등장한 한인 이주민을 이용해 이민실변 정책의 한계를 극복하려는 청 지방관들의 새로운 정책 변화를 의미한다.

1882년 청이 만주에서 개간을 하던 한인들에게 세금을 걷고 치발역복(상투를 자르고 옷을 바꾸어 입는다는 뜻으로, 청나라에 귀화함을 이르는 말.)하겠다는 공문을 보내자 조선은 이주민을 다시 조선으로 데려오려고 했다.

또한 서북 경략사로 임명된 어윤중은 함경도민에게 적극적인 안정 정책을 펼쳤다. 곡식을 사고파는 일과 명목 없이 거두는 잡세를 없앴다. 또 불필요한 관원을 줄이고 세금을 삭감했다. 6진과 간도의 토지 수백 결을 빈궁한 백성에게 나누어 주었고, 간도 지역에서 이미 경작하고 있는 한인들의 거주를 인정하고 한인들이 개간한 토지는 개간자의 소유로 인정하여 간도에 대한 관리를 진행했다.

1880년대에도 함경도 지역에 흉년이 들어 한인들이 간도로 이주하여 농사를 짓자 청인과 마찰이 생겼다. 청인들은 한인들의 재산을 약탈하고 한인을 죽이거나 마을을 불태우고 가축을 도살했다. 조선은 청에 강력한 항의를 했지만, 청은 조선에 국경 지역의 한인을 단속해 줄 것을 요청했다.

조·청의 국경 회담은 어떻게 이루어졌나

두만강 상류 북안은 백두산정계비를 세우면서 금지된 지역으로, 조선에서는 청과 마찰을 줄이기 위하여 청인이나 한인의 활동을 엄금해 왔다. 이지역에 청인이 들어와 살면 청국에 알려 처벌을 요구하고, 이주한 한인은 다시 데려와 처벌하는 방법을 취해 왔다. 하지만 많은 한인이 이주해 살게되자 봉금이 해제된 상황에서 이 지역에 대한 국경을 논의할 필요가 있었다. 조정에서도 두만강 북쪽과 백두산 아래의 고개를 기준으로 동쪽, 남쪽, 서쪽으로 1,000여 리의 땅이 바로 15세기 초에 절제사 김종서가 영토를 개척하여 목책을 세운 곳이라고 했다. 또 경원부 동북쪽 700리와 선춘령 이남의 2,000여 리 땅도 고려 때 시중 윤관이 군청을 설치하고 성을 쌓은 곳이었다. 청나라 관리 목극등 또한 1712년에 '변경을 조사하여 여기에 이르러 살펴보니 서쪽은 압록강이요, 동쪽은 토문강이 된다. 그러므로 강이 나뉘는 고개 위에 돌을 새겨 기록한다.'라고 정계비를 세웠으므로 이를 곧 국경이라 했다. 그리하여 조·청은 두만강 상류 지역을 두고 국경 회담을 진행했다.

1차 국경 회담은 1885년 9월 30일과 10월 1일에 회령부의 공당에서 열렸다. 청은 백두산정계비에서 말하는 토문강과 두만강은 실제로 동일한 강임을 주장했고, 토문감계사 이중하는 두만강과 토문강은 별개의 강으로 한인들

백두산정계비 위치

도 서로 다르게 인식했다고 주장했다. 그리하여 조·청 국경 회담은 서로 합의를 하지 못한 채 무산되었다.

2차 국경 회담은 1887년에 진행되었다. 이 시기는 임오군란과 갑신정변 이후 청이 조선의 내정에 깊이 관여했던 때였다. 청은 시작부터 두만강과 토문강은 같은 강이며, 서두수를 국경선으로 삼자고 주장했다.

두만강 상류는 북쪽으로부터 홍토수, 석을수, 홍단수, 서두수 등 여러 갈래가 있었는데, 청이 주장한 서두수는 가장 하류에 있는 지류로, 서두수를 경계로 국경을 정하면 그만큼 조선의 영토가 줄어드는 것이었다. 이에 조선은 상류의 홍토수를 국경으로 정해야 한다고 강력하게 주장했다. 하지만 청은 조선에 홍토수와 서두수 사이의 홍단수를 경계로 삼자고 압박했다. 이중하는 청의 위협에도 굴복하지 않고 "내 머리는 자를 수 있겠지만 나라의 강토는 축소할 수 없다."라고 하여 결국 조·청 국경 회담은

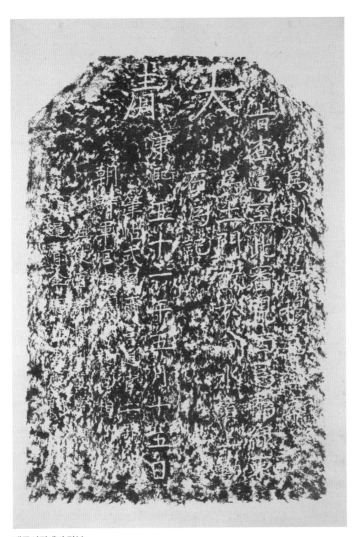

백두산정계비 탁본
조선과 청나라 사이에 국경을 분명히 하기 위해 세운 백두산정계비에 새겨진 글씨를 종이에 그대로 떠낸 탁본이다. 만주사변(1931년) 때 일본이 정계비를 없애 버려 정계비의 행방은 알 수 없고, 이 탁본은 그 전에 만든 것으로 보인다. 국립중앙박물관 제공

별다른 결론을 내지 못하고 또 해산했다.

그 뒤 1905년에 을사조약으로 대한제국의 외교권을 빼앗은 일본이 1909년에 청과 간도협약을 맺고 석을수를 국경선으로 인정했다. 이로써 백두산의 천지와 간도가 청의 영토가 되었다. 1960년대에 북한과 중국이 맺은 조약으로 홍토수가 국경선이 되면서 천지 일부가 북한의 영토로 돌아왔다.

서상무와 이범윤을 압록강과 두만강 북안에 파견하다

1897년에 조선은 서상무를 서간도로 파견했다. 목적은 서간도 지역의 호구 조사, 한인의 재산 보호와 세금 징수였다. 서상무는 한인이 거주하는 서간도 지역의 토지를 측량해 토지 대장을 작성하고 호구 조사를 하며 간도 지역을 조선의 관할에 두기 위한 기초 작업을 했다. 이에 청은 서상무를 소환하라고 강요했지만, 서간도 지역 한인들은 서상무를 따르고 호전을 납부했다. 청의 가혹한 약탈로 한인들은 조선에서 관리를 파견해 줄 것을 간절히 바랐기 때문이다. 서상무 또한 '백성이 있으면 토지가 있고 토지가 있으면 국가가 있다.'라고 말했다.

대한제국은 1900년에 함경도 종성에 진위대를, 1901년에 회령에 변계 경무서를 설치하여 간도 이주민에 대한 관리를 진행했다. 1902년에는 이범윤을 간도시찰사로 임명해 간도 지역의 한인을 조사했는데, 그 수는 27,400여 호에 남녀 10만여 명이었다. 이범윤은 조정에 군대를 파견하여 한인들

간도로 이주하는 사람들
1910년대 초반에 함경북도 무산에 살던 사람들이 간도로 이주하는 모습을 찍은 사진이다. 국립중앙박물관 제공

을 보호해야 한다고 주장하기도 했다. 1903년에 이범윤이 북간도관리사로 임명되었는데, 그 목적은 청국이 함부로 한인을 괴롭히지 못하도록 관청과 군대를 배치하고, 세금을 거두어 간도 지역을 관리해야 한다는 것이다.

이범윤은 매 20호당 장정 1명씩 선출하여 포수로 충당하고, 5호마다 포병 1명을 양성했다. 또한 청에 세금을 내지 말고 조선에 납부할 것을 명했다. 이범윤이 거두어들인 세금은 병사들을 훈련시키고 병기를 구입하는 데 사용했다. 이범윤의 병사는 500명으로 추정되는데, 병사들은 월급을 받았다. 이범윤은 수시로 각 지역 관리들에게 훈령, 통문, 칙령을 내리며 북간도 지역을 효과적으로 관리했다. 청의 강력한 반대로 대한제국은 이범윤에게 소환 명령을 내렸지만, 이범윤은 이에 응하지 않았다. 그 후 이범윤은 부하들을 이끌고 러시아 연해주로 건너가 의병 활동을 했다. 이범윤의 간도 관리는 3년 정도에 불과했지만, 대한제국 정부에서 직접 파견한 관리가 간도 지역을 관리하고 간도의 영유권을 주장했음을 알 수 있다.

북간도 지역의 독립운동

북간도는 국외 독립운동 기지가 가장 많이 세워진 지역이었다. 이상설, 정순만, 여준 등 독립운동가들은 1906년 용정촌을 중심으로 독립운동 기지를 건설했다. 이들은 민족주의 교육의 요람인 서전서숙을 설립하고 한인 자제들을 교육했다. 서전서숙은 일제의 감시와 방해로 1년도 못 되어 폐교되었지만, 항일독립운동사에서는 중요한 의미를 갖는다. 이후 북간도 지역 한인 사회는 간민교육회라는 자치 기구를 만들었는데, 이 기구의 활동으로 각지에 많은 학교가 세워지고 민족 교육이 실시되었다.

북간도 지역 한인 사회의 발전으로 다양한 항일 독립운동 단체와 독립군이 조직되었는데, 중요 독립군단으로는 대한독립군, 대한신민회, 의군부, 대한정의군정사, 북로군정서 등이 있었다. 이들의 활동으로 1920년 초에 봉오동 전투와 청산리 전투에서 일본군에 대승을 거두기도 했다.

16

기독 세상이 된 평안도,
친미 엘리트를 배출하다

김상태

    20세기 한국의 엘리트를 조사해 보면 한 가지 흥미로운 사실을 알 수 있다. 한국의 엘리트를 출신 지역별로 분류했을 때 평안도 출신의 비중이 대단히 높다는 사실이다. 왜 하필이면 평안도에서 이렇게 많은 핵심 엘리트들이 배출되었을까? 평안도에 엘리트들을 양산할 만한 구조적인 조건, 즉 평안도만의 지역적 특성이 있었던 것은 아닐까?

20세기를 이끈 평안도 출신 엘리트들

한말 자강 운동과 일제 강점기 항일 운동사에 나타나는 거물급 인사들 가운데 평안도 출신이 많다. 일제 강점기 평안도의 일인자인 안창호, '한국의 간디'라고 불렸던 조만식, 한말 평안도의 대표적 기업가이자 정주 오산학교를 설립한 이승훈, 〈대한매일신보〉 하면 떠오르는 양기탁, 상해 대한민국 임시정부의 의정원 의장(국회의장)을 지낸 손정도 등이 평안도 출신이다.

해방 이후 정치·경제 분야를 살펴보면, 제2공화국의 내각 수반이었던 장면 총리가 평안도 출신이다. 군부에서는 육군 창설을 주도한 이응준, '한국 해군의 아버지' 손원일, 6·25 전쟁 전후와 1950년대에 군부를 주도한 백선엽 형제 등이 평안도 사람들이다.

재계에서는 일제 강점기 때 한국인 최고 자본가로 화신백화점과 조선비

안창호 김상태 제공　　**이승훈** 김상태 제공　　**손원일** 김상태 제공

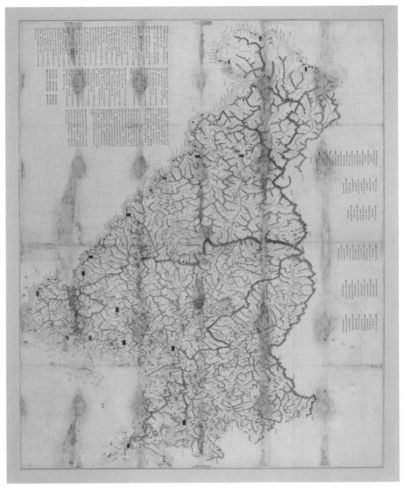

<평안도 전도平安道全圖>
조선 후기에 작성된 지도로, 평안도 관찰사가 휴대했던 것으로 추측된다. 국립민속박물관 제공

기독 세상이 된 평안도, 친미 엘리트를 배출하다

행기공업사 사장인 박흥식, '광산왕' 최창학, 진로 그룹 창업자 장학엽, 고려합섬 창업주 장치혁, 유한양행을 설립한 유일한 등이 평안도가 고향이다.

해방 직후부터 한국 교육계를 주도한 서울대 총장 장리욱, 연세대 총장 백낙준, 고려대 총장 현상윤, 세브란스의대 학장 이용설, 경북대 총장 고병간 등이 모두 평안도 출신이다. 경희대 설립자 조영식, 단국대 설립자 장형, 상명여대 설립자 배상명, 덕성여대 설립자 송금선, 추계예술대 설립자 황신덕, 한림대 설립자 윤덕선 등도 평안도 사람들이었다.

1954년에 문을 연 학술원의 초대 회원 중 이양하(영문학), 박종홍(철학), 최윤식(수학), 김동일(응용화학), 이종일(전기공학), 현신규(임학) 등 13명, 그밖에 방종현(국어학), 오천석(교육학), 박형룡(신학), 석주명(곤충학), 홍문화(약학) 등 각 학문 분야의 원로급 인사들이 모두 평안도 출신이었다.

예술 분야도 예외는 아니었다. 문단을 살펴보면, 한국 근대 문학의 개척자 이광수, 〈불노리〉를 노래한 시인 주요한, 단편 문학의 일인자 김동인, 일제하 한국 최고의 시인 김소월 등이 평안도 출신이다. 〈사랑방손님과 어머니〉의 주요섭, 〈백치 아다다〉의 계용묵, 〈성황당〉의 정비석, 〈소나기〉의 황순원도 평안도 사람들이다. 음악계에서는 한국 최초의 근대적 음악가 김인식, 애국가를 작곡한 안익태, 한국 최초의 소프라노 윤심덕, 작곡가 김동진이 평안도 출신이다. 미술계에서는 한국 서양화의 개척자 장발, 한국 서양화의 대명사 이중섭의 고향이 평안도이다. 그밖에 건축가 박동

진·김중업, 무용가 김백봉, 베를린올림픽 마라톤 우승자 손기정 역시 평안도 출신이다.

종교계에서는 3·1 운동을 주도한 기독교계 '민족 대표' 16명 중 이승훈, 길선주 등 6명이 평안도 출신이다. 장로교의 김익두·차재명·정인과·한경직, 감리교의 양주삼·유형기 등이 평안도 사람들이다. 천주교의 경우에도 '한국 천주교의 대부' 노기남 대주교를 비롯해 광주대교구장을 지낸 윤공희 대주교, 1970년대 재야를 대표했던 지학순 주교 등이 평안도가 고향이다. 통일교 교주 문선명도 평안도 출신이다. 그밖에 조선일보 사장 방응모, 우리나라 최초의 여성 법조인 이태영, 대한외과학회 회장 등을 역임한 백인제도 평안도 출신이다.

평안도, 기독교 '세례'를 받다

한국 장로교와 감리교의 개척자인 미국인 선교사 언더우드와 아펜젤러는 조선에 들어온 초기에는 직접적인 선교 활동보다는 배재학당, 경신학교 등 서구적 교육 활동을 통해 한국 사회에 적응해 갔다. 그 뒤 1890년을 전후해 후배 선교사들과 함께 본격적인 선교 활동을 시작했다. 이 과정에서 장로교의 모펫, 감리교의 노블 등이 평양 선교를 담당하게 되었다.

그런데 1898년 한국 장로교의 전체 교인 7,500여 명 가운데 '서북 지방', 즉 평안도와 황해도의 교인이 79.3%를 차지했다. 이러한 서북 지방의 한국 기독교 주도 양상은 일제 강점기 내내 계속되었다. 1932년의 경우 전체 장로교·감리교 신자 약 26만 명 중 평안도 교인이 약 10만 명에 이르러 38.5%를 차지했다. 이때 경상도는 15.4%, 전라도는 11.4%, 경기도(서울 포함)는 9.2%에 그쳤다. 이 무렵 한국 전체 인구 가운데 평안도인의 비율이 13.8%, 경상도 21.3%, 전라도 18.1%, 경기도(서울 포함) 10.2%인 점을 감안하면 평안도 기독교의 형세를 실감할 수 있다. '조선의 예루살렘'이라고 불린 평안남도 평양과 평안북도 선천에는 교회와 교인이 많아 일요일이면 가게는 문을 닫고 영업을 하지 않기도 했다.

그렇다면 일찍부터 평안도가 한국 기독교의 본고장이 될 수 있었던 이유는 무엇일까?

〈일청평양대격전日清平壤大激戰〉
일본인 요우사이 노부카즈가 청일전쟁 때 일본군과 청군이 평양성에서 전투하는 모습을 그린 그림으로, 3점이 연결된다. 대한민국역사박물관 제공

첫째, 1894년에 일어난 청일 전쟁의 격전지가 바로 평안도 지역이었다는 점이다. 동서고금을 막론하고 종교는 사회 혼란기 또는 민족 수난기에 급격한 성장을 이루었다. 특히 전쟁이라는 극한 상황 속에서 사람들은 자연스럽게 절대자에게 의존하려는 심리가 발생한다. 더욱이 청일 전쟁 중 가장 치열한 전투가 벌어졌던 평양의 경우 교회는 피난민 수용소가 되었고, 일본군마저 교회를 보호해 주었다. 즉 전쟁 중에도 교회는 치외법권적인 영역이었다. 또한 전쟁을 피해 평양 교인들이 지방으로 피난가면서 평안도 전역에 교회가 설립되고 교인 수가 늘어났다.

둘째, 1907년 1월 평양에서 시작된 대부흥 운동이 대성공을 거두었다는

선교사와 신도들 김상태 제공

점이다. 평양 장대현 교회에서 있었던 사경회(일정 기간 교인들이 성경 공부나 성경 강의를 위해 하는 모임) 기간 중에 대부흥 운동이 절정에 이르자 평양의 기독교계 학교 재학생들은 수업을 중단하고 기도회에 참석했으며 전도 운동에 적극 가담했다. 대부흥 운동이 전국에 알려지면서 많은 사람들이 평양을 찾았고, 심지어 중국인 목사들까지 평양을 방문했다. 시간이 흐르면서 대부흥 운동은 전국적인 운동으로 확산되었다. 결국 이러한 양상은 교세 확장으로 귀결되었는데, 1905년과 1907년 사이에 한국의 기독교 교세는 무려 267.8%의 경이적인 증가를 기록했다. 평안도만의 교세 신장률은 훨씬 더 높았을 것이다.

평안도의 지역성, 기독교 교세 확장을 이끌다

청일 전쟁과 대부흥 운동이 평안도 기독교 세력의 급증과 직결되어 있다 하더라도 좀 더 근원적인 원인, 즉 당시 평안도의 지역 특성에서 기독교가 폭발적으로 성장할 수 있는 구조적 요인을 생각해 볼 필요가 있다.

평안도는 16세기부터 조선 사회의 성리학적 기준에 따라 학문도 없고 예의도 모르는 지역으로 인식되어 정치적으로 차별 대우를 받았다. 평안도 출신의 과거 급제자들은 개인의 능력이 있든 없든 관계없이 고위 관직에 오를 수 없었고, 정6품 정도에서 관리 생활을 마감하는 것이 보통이었다. 그런데 평안도는 삼남 지방과 달리 사족(문벌 좋은 집안) 세력의 형성이 미약해 향촌 지배 질서가 비교적 느슨했고, 신분적 속박 역시 약한 편이었다.

이러한 상황에서 평안도는 국제 교역과 국내 상업 분야에서 괄목할 만한 성장을 보여 18세기에는 전국에서 상업이 가장 번성한 지역으로 발돋움했다. 결국 평안도는 개인의 능력에 바탕을 둔 사회 이동이 활성화되었고, 빈부 격차도 줄게 되었다. 요컨대 평안도는 정치적 소외, 성리학적 질서의 이완, 경제력 발전 등을 통해 19세기 전반에 일어난 홍경래의 난에서처럼 반정부적 성향을 띠게 되었고, 궁극적으로는 다른 어느 지역보다도 한 발 앞서 새로운 사회 질서를 지향할 가능성이 높았다.

이와 같은 상황에서 1890년대부터 기독교가 평안도에 보급되기 시작한 것은 대단히 중요한 역사적 의미가 있다. 이 무렵 미국북장로회 소속 선교사들은 우리나라 전역을 여행하며 선교 사업의 가능성과 효율적인 방안을 모색했다. 그들은 평안도가 자립적 중산층이 상대적으로 많고 중앙 정부나 성리학적 질서에 대한 반감이 높아 선교 사업을 벌이는 데 알맞은 지역이라는 결론을 내리고 평양, 선천, 강계를 중심으로 평안도 선교 사업을 추진했다.

이에 따라 성리학적 질서의 붕괴와 새로운 사회 체제의 수립을 갈망하던 평안도는 기독교의 영향을 받으면서 문명 개화를 추구하게 되었다. 평안도에서 기독교는 단순히 종교가 아니라 서양, 특히 미국의 힘과 똑같이 인식되었다. 즉 평안도 사람들에게 '문명개화 = 미국화 = 기독교화'라는 등식이 성립되었으며, 미국인 선교사들은 단순히 '복음의 전도사'가 아니라 '근대화와 미국의 전도사'로 인식되었다.

평안도 엘리트들, 미국에서 공부하다

평안도에서 기독교는 단순히 종교가 아니라 근대 문명 그 자체였다. 기독교는 평안도 사람들의 정서와 이념에 막대한 영향을 주었는데, 그것은 특히 기독교계 학교의 운영에 기초한 것이었다. 1910년에 전국의 사립학교는 2,200여 개였는데, 그중 평안도의 사립학교가 844개로 약 38%를 차지

숭실학교 1897년에 미국북장로회 선교사 베어드가 평양에 세운 교육기관이다. 김상태 제공

했다. 이 중 장로교와 감리교계에서 운영하는 학교가 341개로 40%에 이르렀다. 이러한 수치는 평안도의 초·중등 교육에서 기독교의 비중이 얼마나 컸던가를 단적으로 보여 준다. 즉 평안도의 청소년들은 입학 이전에 기독교 신자든 아니든 학교 교육을 받으며 기독교·미국·자본주의를 친근하게 느낄 가능성이 높았던 것이다.

평안도의 청소년들이 상급 학교에 진학할 때 기독교계 사립학교를 선호한 것은 너무나 당연한 일이었다. 예를 들어 1940년까지 연희전문(지금의 연세대학교) 졸업생 중 평안도 출신은 21.5%, 1940년까지 세브란스의전(지금의 연세대학교 의과대학) 졸업생 중 25.3%, 1937년 이화여전(지금의 이화여자대학교) 재학생 중 21.4%를 나타냈다. 세 학교 모두 평안도의 학생 수가 경기도(서울 포함)에 이어 2위를 기록했다. 요컨대 평안도 출신의 청소년 엘리트들은 고등 교육 과정에서도 기독교적 정체성을 고수한 것이다.

국내 기독교계 학교에서 중·고등 교육을 마친 평안도 출신의 상당수 학생들은 미국으로 건너가 전공 분야의 전문적 지식은 물론 영어와 미국적 가치관도 배웠다. 미국 유학생 가운데 평안도 출신의 비율은 대단히 높았다. 1925년 현재, 출신지를 확인할 수 있는 유학생 159명 중 하와이와 블라디보스토크 출생자 8명을 제외한 151명 가운데 평안도 출신은 43.0%로서 경기도(27.0%), 전라도(8.0%), 경상도(4.6%), 충청도(5.3%), 황해도(2.6%), 함경도(2.6%), 강원도(1.3%)를 압도했다.

그런데 평안도 출신이 많았던 미국 유학생들과 경상도·전라도 출신이 많았던 일본 유학생들의 전공 분야를 살펴보면 흥미로운 점을 발견할 수 있다. 평안도 출신은 조선 시대에 정치적으로 지역 차별을 받은 기억 때문에 정치·행정·사법 등 관(官)에 대한 피해 의식 또는 거부감이 강한 나머지 법학·정치학 등의 전공자가 적었다. 반면 일찍부터 선교사와 자강운동의 영향을 받은 데다 미국 유학 생활 중 자본주의를 체득하게 되면서 신학, 교육학, 이·공학 등 최첨단의 근대적 전공 분야를 선호하게 되었다. 그러나 경상도와 전라도의 경우에는 성리학적 전통 때문에 인문학 및 관료 지향적인 성향이 강한 나머지 법학, 정치학, 경제학 등 문과 학문 전공자가 많았다. 평안도 출신들은 경상도나 전라도의 인사들에 비해 상당히 일찍 근대적인 체질을 형성했던 것이다.

　미국 유학생과 일본 유학생 간에는 또 다른 중요한 차별성이 존재한다. 1920년대 이후 일본 유학생 중 상당수는 사회주의의 영향을 받아 국내외에서 공산주의 운동이나 민중 운동에 적극적으로 참여했다. 반면에 미국 유학생 대부분은 유학 이전부터 기독교적 정서와 소양을 갖춘 데다 미국의 대학과 사회에서 사회주의의 유행이 크지 않았던 까닭에 사회주의자로 성장할 가능성이 적었다. 실제로 미국 유학 경력이 있는 엘리트 중 사회주의 활동을 벌인 인물을 찾기는 어렵다. 이와 같은 양상은 평안도가 일제 강점기 한국 사회에서 사회주의 운동이 상대적으로 약한 지역이었다는 점과 일맥상통한다.

보수의 길로 들어선 평안도

일제 강점기에 평안도와 서울 지역의 기독교계는 상당히 다른 토양 위에 있었다. 평안도 장로교는 근본주의 신학을 근간으로 하여 영적 복음을 추구하는 보수적 경향이 강했다. 반면 서울의 장로교와 감리교는 상대적으로 자유주의적 경향과 사회 복음주의적 경향이 강해 현실 참여적이었다. 1920년대까지만 해도 두 지역의 기독교계 사이에는 뚜렷한 갈등이 없었지만, 이것은 1930년대 전반기의 '전면전'을 위한 탐색에 불과했다.

일제 강점기 한국 기독교계에 최대의 파란을 일으켰던 '적극 신앙단 사건'이 발생한 것이다. 적극 신앙단 사건의 이면에는 1930년대 이후 두드러지게 강화된 평안도의 보수화 경향이 자리하고 있었다. 조선 후기 이후 평안도는 새로운 사회 질서 수립, 즉 반봉건 근대화의 측면에서는 선진 지역이었으나, 자본주의 성장 과정 속에서 점차 기득권 지역으로 변모했다.

1930년대에 일제가 조선 공업화 정책을 추진하고 만주 침략에 성공함으로써 경기가 호전되었는데, 이 과정에서 평안도의 자본가 계층은 사업 확장과 함께 만주 진출에 기대를 갖는 한편, 총독부의 공권력에 의존해 노동운동을 제압하면서 빠른 속도로 정경유착의 길로 빠져들게 되었다. 그 대표적인 예가 당시 평안고무공업사 사장이자 평양고무 공업조합 이사장이던 김동원이 평양 고무공업 노동자들의 총파업 때 일본 경찰의 도움을 받아 위기를 모면했던 사건이다. 김동원은 또한 만주에 대한 자본 투자와 문어발식 사업 확장을 하는 한편, 평양부회에 진출하여 자신의 정치적 영향력을 확대하고, 일제 강점기 말에는 적극적인 친일 활동을 벌였다.

평안도의 장로교계도 1930년대에 접어들면서 보수화되었다. 1932년 장로교, 감리교 양대 교파로 구성된 조선예수교연합공의회가 12개조 사회신조를 채택했는데, 일체의 유물 교육, 유물 사상(만물의 근원을 물질로 보고, 정신 현상도 산물이라고 주장하는 사상), 계급 투쟁, 혁명 수단에 의한 사회 개조에 반대한다는 내용으로 사회주의에 반대한다는 점을 분명히 밝혔다. 이어서 평안도의 장로교계는 1930년대 기독교계에서 일어난 성서 해석의 원칙(아빙돈성경주석 사건), 찬송가 선택(신편찬송가 사건), 기독신보 사건 등 일련의 사건에서 근본주의적 경향을 노골적으로 드러냈다.

결국 조선 후기와 개화기에 평안도는 반봉건 근대화의 측면에서 가장 선진 지역이었으나, 일제 강점기 자본주의의 성장 과정 속에서 기득권 지역으로 변모하면서 사회주의 세력과 민중 세력의 성장에 위기의식을 느끼고 반공 세력이 되었다.

17

북방을 노래한
북쪽의 시인들

곽효환

    북방, 북국, 북간도, 만주, 북만, 북새 등으로 불리는 북방 공간은 여러 민족이 오랫동안 어우러져 살아온 독특한 공간이며, 근대 한국 문학에서는 분단과 함께 사라진 북방의 삶과 정서, 풍속과 풍물들을 생생히 담고 있는 공간이다. 또한 이곳은 일제 식민 치하의 엄혹한 삶 속에서 회복하고 돌아가고 싶은 이상적인 공간이기도 하다.

북방은 우리에게 어떤 공간일까

36년 만에 나라를 되찾은 기쁨이 채 가시기도 전에 타의에 의해 한반도는 남과 북으로 분단되었다. 이로써 삼팔선 또는 휴전선 이남의 남한은 지리적으로 고립된 섬나라가 되었고, 고착화된 분단 상황은 좀처럼 풀리지 않고 있다.

경성역에서 출발한 국제 열차를 타고 시베리아 대륙을 횡단한 끝에 모스크바나 파리에 도착하던 철길에 대한 기억은 점점 희미해지고 있다. 한반도에 살던 사람들이 대륙으로 나아가고 또 돌아올 수 있었던 것은 국경이 백두산을 중심으로 동쪽으로는 두만강, 서쪽으로는 압록강을 사이에 두고 대륙과 맞닿아 있기 때문이었다. 그런데 우리 민족의 의지와는 무관하게 이루어진 분단과 이어진 비극적인 전쟁의 결과로 이 공간은 점점 아득한 공간이 되어 가고 있다.

'북방'에 대한 정의나 개념적 합의는 아직 분명하지 않다. 북방은 지역적으로는 대동강 유역으로부터 평안도, 함경도를 포함한 한반도 북쪽과 압록강과 두만강 너머 중국의 지린성, 랴오닝성, 헤이룽장성을 아우르는 동북 3성의 80만 평방킬로미터에 달하는 만주와 대체로 일치한다.

이 같은 북방은 우리에게 몇 가지 층위를 가지고 인식된다. 첫째, 우리 민족 최초의 국가인 고조선이 시작된 시원지이자 광활한 영토를 지배하고 경영한 광개토 대왕과 장수왕의 고구려, 해동 성국의 영화를 누린 발해에 바탕을 둔 호방하고 장대한 기개와 자유분방하면서도 강직한 기질이다. 둘째, 간도와 두만강, 압록강을 중심으로 한 지금의 만주 지역 일부는 20세기 초에 이르기까지 실질적인 연고를 가지고 있는 우리의 생활 공간이었다. 셋째, 근대로 이양되는 과정에서 일제 식민지가 낳은 역사적 비극의 현장으로서의 트라우마와 피폐한 삶에서 기인하는 비관주의이다. 또한 일본의 신흥 제국주의와 중국, 러시아의 거대 봉건주의 세력이 충돌한 역사의 현장으로 기억되고 있다.

장엄한 서사를 품은 생명 공간으로서의 북방

한국 문학에 낯설고 새로운 북방이라는 공간을 처음으로 연 시인은 함북 경성 출생인 파인 김동환이다. 근대 문학의 습작기로 불리는 1920년대 시단에 김소월, 한용운과 함께 예외적인 존재로 주목받는 김동환은 당시 시단에서는 볼 수 없었던 남성적이고 대륙적인 어조로 험준하고 장엄한 북방의 풍경과 그곳에 사는 사람들의 삶과 정서를 그리면서 본격화되기 시작한 민족사의 비극을 겹쳐 놓는 데 성공했다.

《삼천리》
1929년에 김동환이 편집인겸 발행인으로서 삼천리사에서 펴낸 잡지. 국립한글박물관 제공

"아하, 무사(無事)히 건넜을까,

이 한밤에 남편(男便)은

두만강(豆滿江)을 탈 없이 건넜을까?

저리 국경강안(國境江岸)을 경비(警備)하는

외투(外套) 쓴 검은 순사(巡査)가

왔다―갔다―

오르명 내리명 분주(奔走)히 하는데

발각(發覺)도 안 되고 무사(無事)히 건넜을까"

소곰실이 밀수출마차(密輸出馬車)를 띄워 놓고

밤새가며 속 태이는 젊은 아낙네

물레 젓던 손도 맥(脈)이 풀어져

파! 하고 붓는 어유(魚油)등잔만 바라본다,

북국(北國)의 겨울밤은 차차 깊어 가는데.

-김동환 <국경(國境)의 밤> 1장 《국경(國境)의 밤》 1925.)

   한국 근대시사에 북방 공간을 처음 품은 <국경의 밤>은 국경을 넘어 소금 밀수출을 떠난 남편의 안위를 걱정하는 젊은 아내의 독백으로 시작한다. 이 시는 도입부 몇 연에 걸쳐 1920년대 두만강을 사이에 둔 북방 공간을 암울하고 긴장감 가득한 세계로 그려 내고 있다. 뿐만 아니라 엄혹한 자연환경과 불안에 떠는 백성들의 모습이 식민지 치하의 어둡고 무력한 민족의 처지와 오버랩 됨으로써 중층적인 의미를 띠게 된다. 거대한 북방 대륙의 정서가 식민 치하의 암울한 현실과 결합해 비극적인 서사로 발현된 것이다.

이 작품에서 청년은 '데카당', '따따', '염세', '악의 찬미' 등의 편력으로 얼룩진 도시에서 도망쳐 나와 북방으로, 그리고 첫사랑 순이에게로 돌아가고자 한다. 반면에 순수하고 원초적 생명력을 가진 북방을 상징하는 순이는 불안과 공포로 물들고 외부적 조건으로 인해 본래의 생명력을 잃어가는 북방은 더 이상 안식처가 될 수 없다며 청년의 구애를 거부한다. 북방은 돌아가고 싶은 시원(사물이나 현상 따위가 시작되는 처음)의 생명력을 가진 이상 공간이지만, 한편으로는 순결한 생명력이 퇴색되어 가는 이중적인 공간으로 그려지고 있는 것이다.

북방에 대한 김동환의 인식은 1924년 《금성》지에 발표한 데뷔작 〈적성을 손가락질하며〉에서 보다 잘 관찰할 수 있다. 회색 하늘 속으로 퍼붓는 하얀 눈에 파묻히는 북조선이 보이는 북국, 그곳은 눈보라가 끝없이 몰아쳐 추위에 얼어 떠는 백의인(조선인)의 귓불을 때리는 험준한 곳이다. 흰곰이 울고 북랑성이 깜박거리는 얼음 벌판에서 사람들은 '서로 부둥켜안고 적성을 손가락질하며' 춤을 추고, 이들이 둘러서서 몸을 녹이는 모닥불에는 이방인의 파란 눈이 비친다. 추운 북방의 밤에 얼음장 깔리는 소리에 쇠방울 소리가 잠겨 들면서 밀수입 마차가 강녘으로 지나가고, 내리는 눈 속에 두만강 건너로 길을 떠나는 유이민들이 있다. 이처럼 엄혹한 시대적·계절적·공간적 배경에도 불구하고 시인은 절망적이거나 비애에 젖어 있지만은 않는다. '북새(北塞)로 가는 이사(移徙)꾼 짐 우에/말없이 함박 같은 눈이 잘도 내리느니'라고 북방으로 유랑길을 떠나는 사람들의 미래를 축복해 주고 있다. 이는 북방이 험난한 환경 속에서도 희망을 잃지 않고 부둥켜안고 춤을 추며 서로 위로하고 격려하는 사람들의 공동체적 공간이며, 한편으로는 고통과 상처를 안고 이주의 길을 떠나는 유이민들에게는 새로운 기회의 땅이 될 수 있다는 낙관적인 인식에서 기인하는 것이다.

김동환의 북방 시편들은 북방 대륙을 배경으로 한 거대 서사, 장엄하고 험난한 자연환경과 이를 꿋꿋하게 극복하는 힘이 넘치는 남성적인 기개, 그리고 거친 북방 언어 등을 선보이며 북방 정서라는 큰 흐름을 형성했다. 우리 근대 문학의 공간을 험준한 자연환경 속에 희망을 잃지 않고 꿋꿋한 삶을 사는 원시적이고 건강한 생명 공간인 북방으로까지 확장한 것이다.

기억 속 시원의 이상 공간으로서의 북방

북방 마을을 이상적 공동체 공간으로 재구성하고 회복하려 한 시인은 평북 정주 출신의 백석이다. 백석은 기억 속에 남아 있는 어린 시절의 원체험을 바탕으로 고향 마을을 이상적인 공간으로 회복하려 했다. 관서 지역을 중심으로 한 북방의 풍속과 삶과 정서를 담은 시집 《사슴》은 유년의 화자를 내세워 평화로웠던 북방의 고향 마을에 대한 기억을 살려 냄으로써 온갖 이질적인 요소들이 어우러져 평화롭게 공존하는 공동체의 세계를 보여 주고 있다. 이는 고통과 폐허의 식민지 시대 이전의 세계이며 시인이 돌아가고 싶고 또 회복해야 할 이상적인 공간이기도 하다.

> 아배는 타관가서 오지 않고 산(山)비탈 외따른 집에 엄매와 나와 단둘이서 누가 죽이는 듯이 무서운 밤 집 뒤로는 어늬 산(山)골짜기에서 소를 잡어먹는 노나리군들이 도적놈들같이 쿵쿵거리며 다닌다.

> 날기멍석을 저간다는 닭보는 할미를 차 굴린다는 땅아래 고래 같은 기와집에는 언제나 니차떡에 청밀에 은금보화가 그득하다는 외발 가진 조마구 뒷산(山) 어늬메도 조마구네 나라가 있어서 오줌 누러 깨는 재밤 머리맡의 문살에 대인 유리창으로 조마구 군병의 새까만 대가리 새까만 눈알이 들여다보는 때 나는 이불 속에 자즈러붙어 숨도 쉬지 못한다.
>
> —백석 <고야(古夜)> 일부, 《사슴》 1936.)

흐름상 별 연관성이 없는 각기 다른 5개의 밤을 5개 연에 걸쳐 병렬적으로 연결하고 있는 <고야>는 시 전체를 관통하는 공통적인 주제나 요소가 없다. 하지만 무섭지만 적대적이지 않고, 신화와 전설이 서려 있으며, 평화롭고 화목한 가정과 정겹고 들뜬 마음으로 기다리는 명절 전날 밤의 풍요로운 풍경이 있고, 정한 마음으로 자연을 맞는 성스러움이 깃들어 있다.

투명하고 맑은 기억 속의 수많은 북방 마을의 밤의 서사가 이 시 앞뒤로 무수히 나열되고 연결될 수 있는 열린 형식을 가지고 있는 것이다.

백석

하지만 현실 속에 이상 공간은 더 이상 존재하지 않거나 이미 훼손되었고 식민지 상황 역시 이것의 복원을 끝내 허락지 않음으로써 시적 자아는 갈등하고 방황하지 않을 수 없게 된다. 태반이자 이상 공간으로서의 북방을 모색했지만 상실과 폐허의 공간이 되고만 현실에 대한 성찰을 절제된 시어로 산문체에 담아 낸 작품이 〈북방에서〉이다.

아득한 옛날에 나는 떠났다

부여(夫餘)를 숙신(肅愼)을 발해(渤海)를 여진(女眞)을 요(遼)를 금(金)을

흥안령(興安嶺)을 음산(陰山)을 아무우르를 숭가리를

범과 사슴과 너구리를 배반하고

송어와 메기와 개구리를 속이고 나는 떠났다

(중략)

그동안 돌비는 깨어지고 많은 은금보화는 땅에 묻히고 가마귀도 긴 족보를 이루었는데

이리하야 또한 아득한 새 옛날이 비롯하는 때

이제는 참으로 이기지 못할 슬픔과 시름에 쫓겨

나는 나의 넷 하늘로 땅으로—나의 태반(胎盤)으로 돌아왔으나

이미 해는 늙고 달은 파리하고 바람은 미치고 보래구름만 혼자 넋 없이 떠도는데

아, 나의 조상은 형제는 일가친척은 정다운 이웃은 그리운 것은 사랑하는 것은 우러르는 것은 나의 자랑은 나의 힘은 없다 바람과 물과 세월과 같이 지나가고 없다

　　　-백석 <북방(北方)에서-정현웅(鄭玄雄)에게>, 일부 (《문장》 2권 6호. 1940. 7.)

　'북방'이라는 단어를 사용하고 있는 백석의 유일한 작품인 이 시는 태반이자 이상 공간으로서의 북방을 찾아 돌아왔으나 이미 상실하고 회복할 수 없게 된 절망적인 상황을 운명론적으로 수용하고 그 절망감을 참신한 기법을 통해 형상화함으로써 북방에 대한 민족의 역사적 기억과 체험을 되살리고 있다. '아득한 넷날에 나는 떠났다'는 거침없는 단언으로 시작하는 이 시는 개인인 '나'와 '민족', '겨레'를 같은 층위로 혼용하면서 북방의 태반이 시작되는 '아득한 넷날'을 찾고 그로부터 멀어져 온 역사를 돌아본다. 그런 다음 '참으로 이기지 못할 슬픔과 시름에 쫓'기는 안타까운 현실에 대한 회한과 상실감을 격조 있게 형상화해 내고 있다.

끝없는 비극의 서사로 시름 가득한 북방

일제는 1931년 중국 농민과 우리나라 농민 간에 수로(水路) 문제를 둘러싸고 유혈 충돌이 일어난 만보산(완바오산) 사건을 구실 삼아 만주사변을 일으킨 데 이어 중일 전쟁(1937년), 태평양 전쟁(1941년)으로 전선을 확대해 나갔다. 이에 따라 한반도는 일제의 병참기지가 되어 혹독한 수탈의 희생양이 되었다. 1920년대 중반 이후 조선 농민의 절대 다수가 급속히 소작농이나 빈궁한 도시 노동자로 전락했으며 1931년 만주사변 이후 절대 빈농층으로 추락한 수많은 농민이 고향을 등지고 간도, 만주, 연해주 등 북쪽으로 떠났다. 또한 북방으로 이주한 유이민들 앞에는 기존 한족(漢族) 지주의 고리대와 높은 소작료, 중국의 국적 취득 종용 등의 박해와 일제가 세운 '동양척식회사'의 경제적 수탈, 중일 전쟁과 함께 가속화된 일본인화 교육 등의 수난과 비극이 기다리고 있었다.

《두만강 너 우리의 강아》
1989년 문학사상사에서 이용악의 시를 엮어 펴낸 시집. 국립한글박물관 제공

함북 경성 출생인 시인 이용악은 점점 가혹해져 가는 일제의 식민 통치와 극심한 수탈로 1930년대에 대규모로 발생한 유이민들이 겪는 비극적 삶의 현장인 북방을 정면으로 응시했다. 1937년에 펴낸 첫 시집《분수령》의 맨 앞에 놓은 시 〈북쪽〉에서 "북쪽은 고향/그 북쪽은 여인(女人)이 팔려간 나

라/머언 산맥(山脈)에 바람이 얼어붙을 때/다시 풀릴 때/시름 많은 북쪽 하늘에/마음은 눈 감을 줄 모른다."라고 고백한다. 여인이 팔려 갈 정도로 피폐한 가난과 치욕스러운 고통으로 얼룩진 북쪽의 비극은 오래전부터 반복된 것이다. 그리하여 먼 산맥에 바람이 얼어붙고 또 다시 풀릴 때마다 시름 가득한 북쪽 하늘을 생각하면 마음은 차마 눈을 감을 수 없게 된다. 짧은 시행 속에 강렬하게 형상화한 시름 많은 '북쪽'은 시인의 고향에 한정되지 않고 북방 전역을 포함한 동시대의 궁핍하고 우환 가득한 현실로 확대되어 읽힌다.

이용악의 시편에 나타나는 북방은 아버지의 제삿날 단 하루만 쉬고 일을 해야만 하는 힘든 삶을 이어가는 곳(<다리 우에서>)이며, 아기의 탄생이 팔아나 먹을 수나 있는 송아지만도 못하고 마침내는 일가족이 무서운 북쪽으로 사라지고만 곳(<낡은 집>)이고, 반도의 남단 전라도에서 여인이 술집 작부로 팔려온 곳(<전라도 가시내>)이다. 생활을 위해 위험을 무릅쓰고 국경을 넘나들다 비참한 최후를 맞는 북방민들의 비극적 가족사가 서린 시름 많은 땅일 뿐만 아니라 대규모 유이민이 펼쳐진 슬픈 민족사의 현장인 것이다. 또한 해방을 맞은 뒤에도 끝나지 않는 모순과 비극을 잉태한 북방은 수백 년에 걸쳐 무고한 고난이 반복되는 역사적 굴레를 쓴 곳이다.

— 긴 세월을 오랑캐와의 싸움에 살았다는 우리의 머언 조상들이 너를 불러 '오랑캐꽃'이라 했으니 어찌 보면 너의 뒷모양이 머리태를 드리인 오

랑캐의 뒷머리와도 같은 까닭이라 전한다 —

아낙도 우두머리도 돌볼 새 없이 갔단다
도래샘도 띳집도 버리고 강 건너로 쫓겨 갔단다
고려 장군님 무지 무지 쳐들어와
오랑캐는 가랑잎처럼 굴러 갔단다

구름이 모여 골짝 골짝을 구름이 흘러
백 년이 몇 백 년이 뒤를 이어 흘러 갔나

너는 오랑캐의 피 한 방울 받지 않았건만
오랑캐꽃
너는 돌가마도 털메투리도 모르는 오랑캐꽃
두 팔로 햇빛을 막아줄게
울어보렴 목 놓아 울어나 보렴 오랑캐꽃
　　　　　-이용악 <오랑캐꽃> 전문 《오랑캐꽃》 1947, 발표 《인문평론》 1939. 10.)

<오랑캐꽃>은 계속되는 북방의 비극과 이 지역 사람들이 무고하게 겪
는 시련과 슬픔의 내력을 보여 주고 있다. 1연에서 고려 장군의 정벌로 아
낙도 우두머리도 돌볼 새 없이 도래샘(빙 돌아서 흐르는 샘물)도 띳집도 버리

고 강 건너로 정신없이 쫓겨 간 북방 지역민 특히 여진인들의 모습을 보여
줌으로써 이 지역 사람들이 겪는 고난이 오랜 이력을 가지고 있는 것임을
말하고 있다. 그래서 북방민의 고난은 '백 년이 몇 백 년이 뒤를 이어 흘러'
간 뒤에도 계속된다. 오랑캐의 피 한 방울 받지 않은 꽃을 오랑캐꽃이라고
부르는 것처럼 무고한 사람들에게 계속되는 시련, 즉 '정당한 사유 없이 핍
박당하는 변두리 피차별자의 설움과 소외 경험'을 암시하는 표상으로 오랑
캐꽃을 제시하고 있다. 그래서 아무 잘못도 없이 흉측한 이름을 갖고 고난
을 받는 꽃(북방민)더러 햇빛을 가려 줄 테니 목 놓아 실컷 울어나 보라고
말한다. 이용악은 북방 전체를 아주 오래전부터 무고하게 고난 받는 공간
으로 인식하고 그곳에서 차별 받으며 고통스러운 삶을 사는 사람들의 삶
을 주목하고 있는 것이다.

순연한 청년의 절대적 양심의 세계, 그리운 고향

자기를 성찰하며 절대적인 양심의 순연한 정신 세계를 지향하는 시를
남김으로써 일제 암흑기 한국 문학에 정신적 등불을 밝힌 윤동주는 두만
강 건너 북간도의 한인 마을 명동촌에서 태어났다. 명동촌은 함북 회령과
종성에서 건너온 네 집안이 1899년에 건설한 민족 공동체 마을이다. 증조
부인 윤재옥이 1900년에 명동촌에 합류한 뒤에 태어난 윤동주는 이곳에서
유소년기를 보내며 자아를 형성했다.

이 같은 배경을 가진 윤동주 시의 핵심은 '죽는 날까지 하늘을 우러러/한 점 부끄럼' 없이 살고자 하는 절대적인 양심과 '별'을 노래하는 마음으로 '모든 죽어가는 것을 사랑'하고 '나한테 주어진 길을 걸어가야겠다'는 순연한 신념을 지키려는 데 있다. 그런 그가 마주친 "사이좋은 정문(正門)의 두 돌기둥 끝에서/오색기

윤동주

(五色旗)와, 태양기(太陽旗)가 춤을 추는 날,/금(線)을 끊은 지역(地域)의 아이들이 즐거워하다"(〈이런 날〉 일부, 1936. 6. 10)는 북방의 현실은 모순이란 두 글자로 요약된다. 조선인 마을에서 나고 자라고, 조선어로 공부하고 생각하고 글을 쓴 그의 눈앞에 펼쳐진, 만주국 오족협화기와 일장기가 펄럭이는 아래서 아무렇지 않게 땅따먹기 놀이를 하는 아이들의 모습은 불가해하고 아이러니한 것 그 자체였다.

별 하나에 추억(追憶)과

별 하나에 사랑과

별 하나에 쓸쓸함과

별 하나에 동경(憧憬)과

별 하나에 시(詩)와

별 하나에 어머니, 어머니,

어머님, 나는 별 하나에 아름다운 말 한마디씩 불러봅니다. 소학교(小學校) 때 책상(册床)을 같이 했던 아이들의 이름과, 패(佩), 경(鏡), 옥(玉) 이런 이국소녀(異國少女)들의 이름과 벌써 애기 어머니 된 계집애들의 이름과, 가난한 이웃 사람들의 이름과, 비둘기, 강아지, 토끼, 노새, 노루, 「프랑시스 잠」 「라이넬 마리아 릴케」 이런 시인(詩人)의 이름을 불러봅니다.

이네들은 너무나 멀리 있습니다.
별이 아슬이 멀듯이,

어머님,
그리고 당신은 멀리 북간도(北間島)에 계십니다.
　　　　　－윤동주 <별헤는 밤> 일부(《하늘과 바람과 별과 시(詩)》 1948.)

　윤동주에게 절대적 양심과 똑같은 결정체는 '별'이다. 별은 괴롭고 어두운 현실과는 거리가 먼 그가 그리워하고 동경하는 순결한 대상이자 정서적 근원이다. 그런 차원에서 고향 북방은 별의 또 다른 등가물이 된다. 어머니가 있고 유년의 평화롭고 화해로운 세계가 있는 고향은 시인이 경험한 가장 순결한 이상 공간에 가깝기 때문이다. 하지만 '이국(異國)'도 '남의 나라'도 아닌 그곳은 이제 멀리 있고 또 돌아갈 수 없는 곳이라는 점에서 다시 절대적 양심의 세계이자 이상 공간으로 환원된다.

〈별 헤는 밤〉은 수많은 별들이 자리한 가을밤의 하늘을 바라보는 1~3연, 가을 하늘의 별들을 헤아리며 아름답고 애틋한 기억을 더듬고 그리움을 드러내는 4~7연, 그리고 그 별들을 바라보는 현실의 나를 성찰하는 8~10연으로 구분된다. 특히 중반부 4연에서는 절대적 가치의 대상물인 별과 추억, 사랑, 쓸쓸함, 동경, 시, 어머니와 같이 시인이 높은 가치를 둔 관념어와 대상들을 일대일로 매칭하고 있다. 나아가 5연에서는 별 하나에 아름다운 말 한 마디씩을 불러 본다고 한다. 여기서 별에 상응하는 아름다운 말은 '소학교 때 책상을 같이 했던 아이들의 이름'과 같은 학교를 다녔던 지금은 벌써 애기 어머니가 되었을 '패, 경, 옥 이런 이국소녀들의 이름' 그리고 '가난한 이웃 사람들의 이름' 등과 같이 평범하지만 화해로웠던 고향의 기억을 함께한 사람들의 이름이다. 뒤이어 '비둘기, 강아지, 토끼, 노새, 노루' 등의 작고 여리고 착한 동물들과 그가 흠모했던 시인 프랑시스 잠과 라이너 마리아 릴케의 이름을 연이어 호명한다.

　윤동주가 별을 노래하는 마음으로 죽어가는 것을 사랑하려 하는 대상들은 절대적인 양심과 같은 가치를 지니는 별과 같은 작고 사소해 보일지는 모르지만 평화롭고 화해로운 기억이 깃든 것이다. 그러나 이것들은 '별이 아슬이 멀듯이' 너무 높거나 멀리 있어 가기 어려운 혹은 이미 돌아갈 수 없는 과거이다. 그래서 '어머님,/그리고 당신은 멀리 북간도에 계십니다'라고 진술함으로써 어머니와 고향 북간도는 영원한 그리움의 대상이자 자신이 세운 절대적인 양심과 도덕적 형이상학의 세계로 남게 된다.

18

북쪽 정권을 세운
사람들

한홍구

초기 북한 정권에는 민족해방투쟁을 벌였던 다양한 세력들이 참여했다. 북한 정권의 수립 과정을 보려면 1946년 2월의 북조선임시위원회와 1947년 2월에 수립된 북조선인민위원회를 같이 고찰해야겠지만, 이 글에서는 1948년 9월에 성립한 조선민주주의인민공화국 초대 내각을 중심으로 살펴보도록 하겠다.

북쪽에 정권이 들어서다

북한은 이당치국(以黨治國)의 원리, 즉 당을 통해 나라를 다스리는 원리가 관철되는 국가이다. 북한에서 북조선노동당이 결성될 당시 대표자 심사 위원회의 심사 결과 보고를 보면, 전체 대표 801명 중 '옥중 생활한 동지의 총수는 263명이며, 그 징역의 총연장 햇수는 1,087년'이었고, '반일 투쟁이나 지하운동, 또는 무장폭동 등 망명으로 외국에서 혁명 사업을 하던 동지의 수는 427명 53%'라고 되어 있다.

북쪽은 민족 해방 투쟁에 적극 참여한 사람들이 세운 정권이라는 점에 대해 무한한 자부심을 갖고 있다. 북한 정권이 민족 해방 투쟁에 적극 참여했던 사람들이 모여 민족 해방 투쟁 과정에서 꿈에도 그리던 나라를 세우려고 했던 것만큼은 부인할 수 없는 사실이다. 물론 여기에 소련 군정이 깊이 개입했다. 분단 상황에서 남쪽은 북쪽을 '북괴'라고 불렀고, 북쪽은 남쪽을 '남조선 괴뢰도당'이라고 불렀다. 어떤 국문학자는 북괴니 남조선 괴뢰도당이니 하는 말이 같은 민족이 서로를 가리키는 말 중에서 가장 고약한 말이라고 평하기도 했다. 괴뢰, 즉 꼭두각시는 스스로 움직이지 못하고 뒤에서 누군가가 조종하는 대로 움직이는 존재이다. 북한 정권이 누군가의 괴뢰 정권이었다면, 배후에서 북한을 움직이는 존재는 당연히 소련이었다. 1991년 12월 소련이 지구상에서 사라졌지만, 북한 정권이 여전히 살아남은 것을 보면 적어도 북한이 누군가의 괴뢰였다는 우리의 오래된 편견이 잘못된 것임은 분명하다 하겠다.

1948년 9월에 성립한 조선민주주의인민공화국 초대 내각의 핵심을 이룬 사람들은 김일성을 중심으로 한 항일무장투쟁 세력이었다. 이들 이외에도 연안의 조선독립동맹에서 활동했던 사람들, 국내에서 활동했던 공산주의 계열의 독립투사, 국내의 진보적 민족주의자와 양심적인 종교인도 일부 참여했다. 독립운동 경력은 없지만 소련군과 함께 입북한 고려인들 역시 초기 북한 정권에서는 중요한 역할을 수행했다. 반면 임시정부 계열의 인사들은 남북협상에는 참여했으나 김원봉, 한지성 등 극히 일부를 제외하고는 북한 정권에 참여하지 않았다. 내각의 구성은 다음과 같다.

조선민주주의인민공화국 초대 내각

직위	성명	소속 당	직위	성명	소속 당
수상	김일성	북로당	**교통상**	주영하	북로당
부수상	박헌영	남로당	**재정상**	최창익	북로당
	홍명희	민주독립당	**교육상**	백남운	전 근로인민당
	김책	북로당	**체신상**	김정주	청우당
국가계획위원회 위원장	정준택	북로당	**사법상**	이승엽	남로당
민족보위상	최용건	민주당	**문화선전상**	허정숙	북로당
국가검열상	김원봉	인민공화당	**로동상**	허성택	남로당
내무상	박일우	북로당	**보건상**	이병남	무소속
외무상(겸임)	박헌영	남로당	**도시경영상**	이용	신진당
산업상(겸임)	김책	북로당	**무임소상**	이극로	조선건민회
농림상	박문규	남로당	**최고재판소장**	김익선	북로당
상업상	장시우	북로당	**최고검사총장**	장해우	북로당

김일성과 항일무장투쟁 참여자들

항일무장투쟁을 벌인 빨치산으로 초대 내각에 참여한 사람은 수상 김일성, 부수상 겸 산업상 김책, 민족보위상 최용건 등 3인이다. 북한 정권의 중핵을 이루는 집단이 항일무장투쟁 세력이라고 말할 때, 이 항일무장투쟁은 남쪽에서 잘 알려진 김좌진, 홍범도 등의 독립군 활동을 의미하는 것이 아니라 중국공산당이 주도한 동북인민혁명군이나 그 후신인 동북항일련

1948년 북한 정권 초대 내각
김일성 수상(첫 줄 가운데)을 중심으로 김책 부수상 겸 산업상(첫 줄 왼쪽 두 번째)과 최용건 민족보위상(첫 줄 오른쪽 두 번째)이 서 있다. 김일성과 최용건 사이에 있는 사람은 박헌영 부수상 겸 외무상이다. 국립중앙도서관 제공

군에서 활동한 조선인 빨치산들을 의미한다.

일제의 만주 침략 직후, 동북인민혁명군을 처음 결성하던 무렵 그 중심지인 간도 지방(동만, 오늘의 연변 지역과 유사)에서 중국공산당원과 유격대원의 절대다수가 조선인이었기 때문에 이들 부대는 조선인민혁명군 또는 고려홍군이라고 불리기도 했다. 옛 독립군 출신으로 북한 정권에 참여한 사람은 도시경영상을 맡은 이용(헤이그 밀사로 유명한 이준 열사의 아들) 한 사람뿐이다. 민족주의 계열 독립군의 대다수가 만주 침략 이후 중국 본토로 활동 무대를 옮겼지만, 이용은 중국공산당 동만특위에서 활동하다 검거되어 복역 후 다시 조국광복회 조직에서 지하활동(비합법적으로 숨어서 하는 사회·정치 운동)을 한 바 있어 김일성의 항일무장투쟁과 직접적으로 연결된 인물이기도 하다. 최고재판소장 김익선과 최고검사총장 장해우 역시 조국광복회 또는 조선민족해방동맹과 관련되어 활동했기 때문에 항일무장투쟁과 연결되었다.

남쪽에서는 아직도 전설적 명장 김일성이 따로 있는 것처럼 믿는 사람들이 상당수 있지만, 일제 강점기의 마지막 시기에 식민지 조선의 암울한 현실 속에서 고생하던 동포들의 마음속에 각인된 김일성은 북한의 지도자가 된 바로 그 인물이다. 분단 현실이 가짜 김일성이라는 터무니없는 주장을 낳은 것이다.

사실 김일성은 기독교의 영향이 강한 환경에서 자랐다. 외할아버지 강돈욱은 평양의 손꼽히는 기독교 지도자였으며, 김일성의 어머니 이름이 기독교에서 변함 없는 굳은 믿음을 뜻하는 '반석'이라는 것만 보아도 외가의 기독교 전통을 느낄 수 있다. 아버지 김형직은 숭실학교 졸업생이었다. 김형직은 3·1 운동 이전 국내의 최대 비밀결사였던 조선국민회의 핵심 간부로 징역을 살고 나온 뒤 만주로 이주해 정의부 계열에서 활동하다 사망한 민족주의자였다. 외삼촌 강진석은 백산무사단에서 항일 활동을 하다가 붙잡혀 징역 15년을 살고 출옥한 후 일제에 끌려가 실종되었고, 친삼촌 김형권은 풍산지서를 습격한 무장소조활동으로 13년을 복역하다가 형 집행 정지로 석방된 직후 사망했다. 요컨대 김일성의 가계는 기독교의 영향을 강하게 받은 독립운동 가문이라 할 수 있다.

김일성은 국제공산당의 일국일당 원칙이 강하게 적용되는 분위기 속에서 중국공산당에 몸담고 조선의 독립과 해방을 위해 노력했기 때문에 일찍부터 민족의 자주 문제에 대하여 깊은 고민을 하게 되었다. 무기도 장비도 기술도 돈도 없는 상황에서 맨주먹의 조선 이민들과 함께 항일무장투쟁을 해야 했던 조건은 뒷날 사람 중심의 주체사상과 자력갱생의 태도를 낳은 토양이 되었다. 김일성은 만주에서 조국광복회를, 국내 산간 지대에서는 민족해방동맹을 조직하고, 이를 기반으로 1937년 6월의 보천보 전투 등 국내 진공작전을 펼쳤다. 그의 활동은 암울했던 시기 식민지 조선의 민중들에게 큰 희망을 주었다.

김일성과 함께 내각에 포함된 김책과 최용건은 김일성보다 나이도 많고 활동 경험도 풍부한 사람들이었다. 김책은 동북항일련군의 3로군에서 활동했고, 최용건은 2로군에서 활동했는데, 이들이 활동한 지역은 북만주였기에 국내의 대중들에게 이름이 잘 알려지지 않았다. 반면 김일성은 조선인 이민이 많이 사는 간도와 장백 지역에서 활동하면서 국내의 대중들에게 이름을 널리 알릴 수 있었다.

연안파

해방 이전 중국공산당 중앙과 깊은 관련을 맺고 활동한 사람들은 조선독립동맹과 조선의용군 출신의 연안파였다. 연안파의 대다수는 원래 김원봉이 주도하던 조선의용대와 민족혁명당에서 활동하던 사람들이었는데, 보다 적극적인 항일투쟁을 위해 중국국민당 지역을 벗어나 중국공산당의 영향력 아래 있던 화북(중국 화베이)으로 이동했다. 이후 김원봉의 최측근이었던 윤세주가 전사하고, 핵심 인원들이 중국공산당의 강력한 영향을 받게 되면서 김원봉과의 관계도 단절되어 부대 명칭도 조선의용군으로 개칭되었다. 그 후 조선의용군은 중국공산당과 깊이 연결된 조선독립동맹의 군사조직으로 활동했다.

처음 조선의용대에서 북상한 청년 대원들과 중국공산당 내의 조선인 당원 등을 중심으로 출발한 독립동맹과 조선의용군은 일본군에서 이탈한 조선인 병사들과 화북 지역의 조선인 이주민들을 흡수하면서 해방 직전 2,000명으로 확대되었다.

연안파는 해방 전야의 4대 독립운동 세력 중 최대 규모를 자랑했다. 연안파는 일본의 패망 후 중국공산당 중앙과 함께 중국 동북 지방, 즉 만주로 진출했다. 1945년 10월에 연안파의 일부 간부들이 만주에서 충원한 대원들을 이끌고 귀국을 시도했으나, 한반도에는 미·소 양군 이외에는 어떤 군대도 허용하지 않는다는 연합국의 방침에 따라 만주로 되돌아갔다. 그 후 김두봉, 무정, 최창익, 허정숙 등 연안파의 주요 간부들은 귀국하여 북한 정권 수립에 참여했지만, 대다수는 중국의 동북해방전쟁에 참여했고 중

조선의용대
조선의용대는 1938년 10월에 중국 우한에서 창설되었다. 펼친 깃발 가운데 서 있는 사람이 김원봉 총대장이다.

국공산당 정권 수립 이후에는 연변조선족자치주의 설립을 주도했다.

연안파는 김일성이 중심이 된 항일무장투쟁 세력과는 달리 내부 결속력이 공고하지 않았다. 이들의 일부는 조선공산당 북조선분국에 참여했지만 다수는 조선신민당을 만들었다가 1946년 8월 북조선공산당과 통합해 북조선로동당을 결성했다. 중국공산당이 대륙을 석권한 것은 중국의 최대 공업 지대인 만주를 차지했기 때문인데, 연안파는 만주의 조선 이민들을 중국공산당 쪽으로 조직 동원하여 중국공산당이 동북해방전쟁에서 승리하는 데 크게 기여했다. 동북해방전쟁에 참여했던 제6사단 사단장 방호산 등 연안파는 1949년에 대규모 조선인 부대를 이끌고 귀국해 조선인민군의 중핵을 이루었다.

교육상 백남운은 월북 이전 남조선신민당의 위원장이었는데, 남조선신민당은 연안파가 북쪽에서 결성한 북조선신민당의 자매 단체였기에 연안파와 연결된다고 볼 수 있다. 백남운은 일제 강점기 연희전문 교수로 있으면서 《조선경제사》, 《조선봉건사회경제사》를 출간한 대표적인 경제학자로, 일본 식민사학에 맞서 싸운 인물이다. 그는 해방 후 마오쩌둥의 신민주주의 혁명론을 받아들여 연합성 신민주주의를 주장한 바 있다.

주석 김두봉은 단군을 신봉하는 대종교의 핵심 간부이자 주시경의 수제자였던 저명한 한글학자였다. 1917년에 상해에 세워진 초등 교육기관인 인성학교의 교장을 지낸 김두봉은 보수적인 민족주의자로 알려졌지만, 중국공산당 지역으로 이동하여 조선독립동맹의 주석으로 추대되었다. 조선

신민당과 북조선공산당이 통합하여 결성
된 북조선로동당에서 김두봉은 위원장을,
김일성은 부위원장을 맡았다. 김두봉은 조
선민주주의인민공화국 수립 당시 내각에는
참여하지 않고 최고인민회의 상임위원장을
맡아 명목상의 국가 원수가 되었다.

연안파의 상징적인 인물 무정은 대장정
에 참여한 팔로군 포병의 창시자로 중국공
산당 최고 지도부와 대단히 친밀한 관계를
맺고 있었다. 그는 조선의용군 사령관이었

《조선말본》
김두봉이 1916년에 펴낸 국어 문법서
로, 순한글로 썼다. 국립한글박물관
제공

지만, 봉건적·군벌적 행태로 젊은 대원들의 신망을 얻지는 못했던 것으로
보인다. 무정은 당이나 정권 기관보다는 인민군 쪽에서 중요한 역할을
했다.

연안파 출신으로 1948년 조선민주주의인민공화국 내각에 참여한 사람
들은 내무상 박일우, 재정상 최창익, 문화선전상 허정숙 등 3명이다. 박일
우는 조선의용군의 정치위원으로 독립동맹 내 중국공산당 조직의 책임자
였다. 재정상 최창익은 ML파(1920년대 중반 사회주의 운동 그룹) 조선공산당의
핵심 인물로 6년간 복역 후 출옥한 뒤 아내 허정숙과 함께 중국으로 망명
했다. 최창익은 민족혁명당 주변의 급진적 청년들로 조선청년전위동맹을
조직하여 조선의용대원들의 북상을 주도했다.

문화선전상을 맡은 허정숙은 대표적인 인권 변호사 허헌의 딸로 1920년 대에 가장 유명한 여성 공산주의자였다. 허정숙은 남편 최창익과 중국으로 망명하여 조선청년전위동맹에서 활동하면서 조선의용대의 북상에 깊이 관여했다. 인재가 많았던 연안파에서 최창익과 허정숙이 내각에 포함된 것은 그들의 뛰어난 능력이 기본적인 요인이 되었겠지만, 이들의 이름이 남쪽에도 널리 알려져 있다는 사실도 중요하게 고려되었을 것이다.

소련파

소련 군정 시절 각 분야에서 실권을 장악한 사람들은 소련군과 함께 입북한 귀화 한인들이었다. 흔히 '카레이스키'라고 불린 이들 소련파는 일찍이 노령 연해주 지역으로 건너간 초기 이민의 2세나 3세로, 1937년에 스탈린이 중앙아시아로 강제 이주시킨 사람들이었다.

이들은 독립운동에 참여하지 않았고 일부는 우리말도 서툴렀지만, 소련에서 교사나 하급 당 간부, 공무원 등으로 일했다. 소련군 당국은 이들을 북조선5도행정국이나 북조선임시인민위원회, 북조선인민위원회 등에 중용했지만, 조선민주주의인민공화국 내각에 들어간 사람은 없었다. 이것은 아마도 북한을 소련의 괴뢰라고 비난하는 남쪽을 의식해서 취한 조치였던 것으로 보인다.

소련파 인사들이 상(장관)으로 내각에 배치되지는 않았지만, 부상(차관)

에는 기석복 등 여러 명이 배치되었고, 당과 군의 요직에는 여전히 소련파 요인들이 남았고, 한국전쟁을 거치며 허가이(부수상), 박창옥(부수상), 박의완(부수상), 박영빈(당 조직부장), 남일(외무상), 김재욱(평남도당 위원장), 한일무(민족보위상 부상), 김열(공업성 부상), 태성수(당 중앙위원), 방학세(최고재판소 부소장) 등이 남아 있었다. 이들 소련파는 연안파와 함께 김일성의 권위에 도전했다가 1956년 8월에 종파 사건을 거치면서 방학세(중앙재판소장) 등 일부를 제외하고는 숙청되어 소련으로 돌아갔다.

남로당계

북한의 초대 내각 구성원 중 남로당 출신으로 분류할 수 있는 사람은 부수상 겸 외무상 박헌영, 사법상 이승엽, 농업상 박문규, 노동상 허성택 등 4명이다. 박헌영은 1925년 결성된 조선공산당의 핵심 간부이자 해방 후 비전향 공산주의자의 대표로, 재건된 조선공산당을 이끌었다. 박헌영은 분단 상황에서 공산주의 운동의 중심이 서울이 아니라 평양이라는 것이 분명해지고, 미군정이 조선공산당을 탄압하자 월북했다. 사법상 이승엽은 박헌영과 함께 화요파 조선공산당에서 활동했던 인물로 박헌영의 최측근이었으며, 한국전쟁 당시에는 서울시 임시인민위원장으로 활동했다. 경성제국대학을 졸업하고 농업 문제 전문가로 이름을 날린 농업상 박문규와 전국노동조합평의회(전평) 의장으로 활동한 노동상 허성택은 남쪽에서 아주

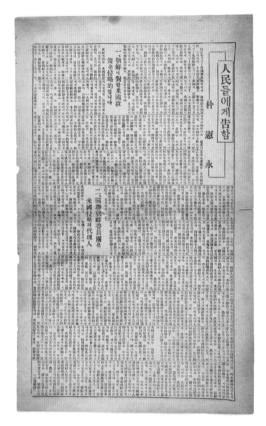

남로당 기관지 노력인민의 한 면
1948년 3월 박헌영이 남조선 단독 선거를 통한 남조선 단독 정부 수립을 반대하기 위해 발행한 전단이다. 내용은 '1. 조선에 대한 미국 정책은 침략적입니다. 2. 국련조선위원단(國聯朝鮮委員團)은 미국 침략의 대리인. 3. 통일 민주 조선을 위하여 단정 수립을 목적하는 단선을 반대합니다.' 등으로 이루어졌다. 대한민국역사박물관 제공

널리 알려진 인물들이었다.

박헌영과 이승엽은 1953년 남로당계의 숙청 과정에서 미제국주의의 간첩으로 몰려 이승엽은 1953년, 박헌영은 1956년 처형되었다. 허성택은 1953년의 숙청은 모면했으나 1958년에 숙청되었다. 박문규는 남쪽 출신으로는 드물게 살아남아 국가검열상, 지방행정상, 내무상 등을 역임했다.

남로당 출신은 아니지만 북한에서 활동하던 국내파 공산주의자들 중에 상업상 장시우, 교통상 주영하가 초대 내각에 포함되었다. 주영하는 1925년 조선공산당에 입당했고, 함경남도에서 적색노동조합 활동에 주도적으로 참여했다. 해방 후 국내파를 대표해서 북로당 부위원장을 역임했다. 주영하는 내각에는 오래 머물지 않고 1948년 10월 초대 주소련 대사로 임명되었으나 1953년 8월 박헌영, 이승엽 등과 같이 숙청되었다. 1891년생으로 내각에서 두 번째 고령자였던 장시우는 조선공산당 만주총국에서 활동했고, 해방 후 조선소비조합 위원장, 북조선임시인민위원회 상업국장 등을 거쳐 상업상에 임명되었지만 1953년 남로당 숙청 당시 함께 숙청되었다.

진보적 지식인들

북한 정권의 초대 내각에서 눈에 띄는 사람들은 월북한 진보적 민족주의자들이다. 내각 부수상 홍명희, 국가검열상 김원봉, 보건상 리병남 등이 남쪽 출신으로 월북한 진보적 민족주의자들이다. 홍명희는 일제 강점기에 동아일보 편집국장, 시대일보 사장, 신간회 부회장 등을 지낸 저명한 민족주의자이자 소설 《임꺽정》의 작가로, 해방 후 조선문학가동맹 위원장, 민주독립당 대표 등을 지냈다. 남북 협상 당시 북으로 간 그는 남으로 돌아오지 않고 조선민주주의인민공화국 정권에 참여했다.

의열단 단장, 조선의용대 대장, 임시정부 군무부장 등을 역임한 김원봉

배를 타고 대화하는 홍명희와 김일성 주석

은 설명이 필요 없는 최고의 독립운동가였다. 밀양 출신인 그는 남쪽에서 친일파들에게 모욕과 협박을 당한 뒤 월북했다. 김원봉을 잘 아는 사람들은 그를 진보적 민족주의자로 평가할 뿐 공산주의자로 보지는 않는다. 김원봉은 1958년 이후 행적이 묘연하여 남과 북 모두에게 버림받은 비운의 독립운동가가 되었다.

무임소상을 맡은 이극로는 원래 철학자이지만 조선어학회를 지킨 한글학자이기도 했다. 해방 후 건민회 위원장으로 활동하다가 남북협상 때 북으로 가 북한 정권 수립에 참여했다. 서울의 저명한 소아과 의사이자 서울

의대 교수였던 리병남 역시 남북 협상 때 월북했다가 북한 정권 수립에 참여하여 여러 차례 보건상을 지냈다.

국가계획위원장을 맡은 정준택은 유복한 집안에서 태어난 광산 기술자였다. 그는 일부 친일 행적 때문에 곤욕을 치렀지만 김일성의 전문가 포용 정책에 따라 중용되었다.

소련 공산당의 휘장에 노동자와 농민을 상징하는 망치와 낫이 그려져 있는 반면, 조선로동당의 휘장에는 망치와 낫 사이의 중앙에 지식인을 상징하는 붓이 그려져 있다. 홍명희, 이극로, 백남운, 리병남 등은 일제강점기 자기 분야에서 최고의 업적을 쌓은 대표적 지식인들이었다. 이밖에 체신상을 맡은 김정주는 천도교 청우당의 핵심 간부였다. 조선민주주의인민공화국의 초대 내각에는 천도교 청우당 출신은 있지만, 기독교 출신은 포함되지 않았다. 최용건이 어린 시절 조만식의 제자였다는 인연으로 조선민주당 소속이었지만, 그는 항일 빨치산으로 분류해야 할 것이다. 북조선인민위원회 부위원장을 지낸 홍기주와 김일성의 외가 인척으로 북조선임시인민위원회 서기장을 지낸 강양욱 목사는 내각에는 참여하지 않고 최고인민회의에서 중책을 맡았다.

19

평안도에서 내려온
우익 세력

김상태

1945년 광복이 된 뒤 한반도는 남북으로 분단되었고, 기독교와 상업적 영향이 강했던 평안도 지역 사람들은 소련 군정과 공산당을 피해 남한으로 내려왔다. 특히 남한으로 내려온 평안도 출신 기독교인이나 미국 유학을 다녀온 사람들은 남쪽에서 가장 강력한 반공 세력이자 우익 세력이 되었다. 이들이 어떻게 남한에서 강력한 영향력을 발휘할 수 있었을까?

미군을 기다렸는데 소련군이 들어왔다

1945년 8월 15일, 마침내 광복이 되었다. 그러나 아이러니하게도 광복과 동시에 38선을 기준으로 남북 분단이 되었다. 남북국 시대 통일 신라와 발해를 분단 체제라고 전제해도 고려와 조선을 통틀어 한반도는 국가적으로나 민족적으로 하나였다. 만 35년 동안 일제의 식민 통치를 받으면서도 역시 하나였다. 하지만 광복과 동시에 약 1,000년 만에 우리 영토와 민족이 분단되었다. 꿈에도 상상할 수 없었던 상황이 하필이면 광복과 동시에 일어난 것이다.

8·15 광복, 분단과 함께 평안도에는 미군이 아닌 소련군이 진주했다. 일제 강점기에 평안도가 기독교의 중심지였고 상공업 자본가와 민족주의 운동 세력이 강했던 점을 감안하면 평안도 도민들의 위기의식은 무척 클 수밖에 없었다. 평양에서 해방을 맞이한 황은균 목사는 그러한 위기의식을 다음과 같이 표현했다.

구원의 천사 미군이 오기를 슬그머니 기다리고 있었다. 그런데 무조건 항복을 했다는데 기다리는 미군은 오지 않았다. 들려오는 말이 소련군이 온다는 것이다. 웬일인가. 38선을 중심으로 이남은 미군이, 이북은 소련군이 일본군 무장 해제를 분담했다는 것이다. 50% 낙심이었다. (중략) 미국을 어른으로 생각한다면, 소련을 어린아이처럼 보는 민심은 머지않아 소련을 몰아내고 미군이 올 것을 믿는 까닭에 낙망 중에서도 희망을 갖고 신앙 자유를 위해서 꿋꿋이 싸울 태세였다.

황은균, <8·15 해방과 평양의 교계>(《기독교계》 창간호, 1957. 8)

소련과 사회주의에 대한 평안도 사람들의 반감은 소련 군정하의 정치 상황에 따라 현실로 구체화되었다. 소련 군정은 우익 세력 중심의 자생적 건국준비위원회를 인민위원회로 재편하면서 조만식 등 기독교 민족주의 세력을 견제했고, 김일성 사회주의 세력을 후원했다. 1946년 1월에는 강력하게 신탁 통치 반대를 주장하는 평안도의 일인자 조만식을 연금하면서 기독교 민족주의 정당인 조선민주당과 전면전을 시작했다. 같은 해 3월에는 토지 개혁을 실시하면서 사회주의 개혁을 본격화했다.

이 과정에서 상당수 평안도인, 특히 기독교도가 반공 투쟁에 나섰다. 가장 대표적인 것이 1945년 11월 23일에 일어난 '신의주 반공 학생 의거'와 1946년 11월 3일 '주일(主日) 선거 반대 사건'이었다. 신의주 반공 학생 의거는 6개 중학교 학생들이 소련과 공산주의에 반대해 일으킨 반소, 반공 시위였다. 이때 소련군의 총격으로 수십 명이 죽고, 수백 명이 부상당했으며, 2,000명이 투옥되었다.

조만식
독립운동가이자 정치가로 3·1 운동, 조선 물산 장려 운동에 참여했다. 기독교계의 거두로 광복 후에는 평양에서 조선민주당을 조직해 민족 통일 운동에 힘썼다.

북한 주둔 소련군 책임자인 로마넨코와 김일성

1946년 11월 3일 일요일은 '북조선 도·시·군 인민위원회' 선거일이었다. 하지만 평안도 기독교계는 '주일 선거' 거부 의사를 표명했고, 기독교인 상당수가 이에 동참했다. 일부 기독교 목사들은 한걸음 더 나아가 기독교 정당을 조직하여 우익 정치 활동에 나서기도 했다.

한편 김일성의 외척인 강양욱을 중심으로 기독교도연맹이 결성되었을 때 함경도의 교직자들은 '현실적 불가피론'을 내세우며 모두 가입했다. 반면 평안도에서는 어용파, 거부파, 현실적 불가피파로 갈라졌는데, 특히 거부파는 사회주의와 타협하는 것을 거부하고 순교하거나 남한으로 떠났다.

미군정과 궁합이 잘 맞은 평안도 친미 엘리트들

평안도 사람들의 월남은 해방 직후부터 적극적으로 진행되었다. 일제 강점기에 평북 선천의 신성학교 교장을 지내고 해방 직후 조만식 측근이었던 장리욱은 소련 군정이 시작되자 곧바로 월남을 감행했다. 김동원, 한근조, 정일형, 한경직 등 평안도의 대표적 우익 인사들도 상당히 이른 시기인 1945년 9~10월에 남쪽으로 내려왔다. 평안도 기독교인, 지식인, 상공업자들이 이미 일제 강점기부터 반공 성향을 가지고 있었기에 가능한 일이었다.

이후 평안도인들은 신탁 통치 반대 입장을 천명하던 조만식이 연금된 직후인 1946년 1~2월, 토지 개혁 직후인 1946년 중반, 미·소 공동위원회가 결렬되고 난 후인 1947년 하반기에 대규모로 월남했다. 함경도의 목회자나 신도들이 한국전쟁이 한창이던 1950년 12월 흥남 철수 때 비로소 대규모의 월남을 감행했던 것과는 사뭇 대조적이다. 이러한 양상은 평안도가 기독교 민족주의 운동 세력의 중심지였던 반면 함경도는 상대적으로 사회주의 세력이 강했던 사실에서 비롯된 것이었다.

월남한 평안도인들, 특히 미국 유학 출신의 기독교계 엘리트들은 미군정의 '특별 대우'를 받았다. 미군정의 입장에서 볼 때 그들은 한국 사회에서 거의 유일하게 미국의 정서와 이념을 체득한 사람들이었다. 그들은 미국에서 공부해 영어에 능통했고, 석사·박사 학위 소지자로서 해당 분야에 대한 전문 식견을 갖추었을 뿐만 아니라 미국식 생활 습관과 가치관에 익숙

했다. 더욱이 소련 군정 치하의 북한에서 탈출해 남쪽으로 내려옴으로써 반공 성향을 증명했다. 이로써 평안도 출신 기독교계 엘리트들은 미군정에 중용될 수 있었다.

미군정에 들어간 한국인 고위 관료들을 살펴보면, 평안도 출신 인사들이 압도적으로 많았다. 지금의 장관에 해당하는 19개 부장·처장 중 8명, 차관에 해당하는 차장 중 3명이 평안도 출신이었다. 인사행정처장 정일형을 비롯해 상무부장 오정수, 노동부장 이대위, 통위부장 유동열, 후생부장 이용설, 체신부장 길원봉, 토목부장 최경열, 식량처장 지용은, 문교차장 오천석, 사법차장 한근조, 공보차장 최봉윤 등이 그들이다. 또한 지방 행정 책임자 중에도 경북지사 최희송과 충북지사 윤하영이 평안도 출신이었다.

미군정이 추진한 한국군 창설 작업은 이응준, 손원일 등 평안도 출신 군부 엘리트들이 주도했다. 서울대학교 창설 작업도 평안도 출신인 문교차장 오천석과 평안도 출신 학자인 백낙준, 현상윤 등이 이끌었다. 좌익 계열 학생들의 활동이 활발했던 경성사범학교(지금의 서울대학교 사범대학) 교장에는 평안도 출신 장리욱이 임명되었다.

미군정은 당시 국내에서 가장 큰 인쇄소였던 조선인쇄주식회사의 관리를 평안도 출신 감리교 목사인 유형기에게 위임했다. 평안도에서 월남한 한경직 목사는 일본 천리교회가 남기고 간 경성 분소 건물을 미군정으로부터 접수하여 영락교회를 세웠다. 미국 유학을 마치고 돌아와 1930년대에 평양제혁회사 공장장을 지냈던 김형남은 미군정청 광공국에 근무하다가네보방직 광주공장 관리인이 되었다. 한국 의약업계를 대표하는 유한양행은 1945년 11월 일본인 소유였던 인천의 경성화학공업주식회사를 미군정으로부터 접수했다. 이와 같이 미군정과 평안도 출신 엘리트들의 '궁합'은 완벽했다.

미군정의 통역 요원으로 활동한 평안도 출신 인사들도 있었는데, 그중에는 이묘묵이 유명하다. 그는 미국 대학교에서 박사학위를 취득했으며 연희전문학교 교수로 있었다. 일제 강점기에 친일 단체에서 활동하다 해방이 된 1945년에 유창한 영어 솜씨를 발휘하여 미군정 사령관 하지 중장의 통역관 겸 고문이 되었다. 해방 직후 하지 중장에게 국내 정치 세력의 동향을 보고하면서 여운형 등 중간파 세력은 폄하하고 우익 세력에 대해서는 실제 이상의 가치 평가를 했던 것으로 알려졌다.

미군정의 한인 관료들을 중심으로 평안도 출신 인사들은 대부분 이승만 세력 및 한민당에 동조하여 단정(단독 정부) 노선을 지향했다. 그들의 정신적 지주인 안창호는 1938년에 이미 세상을 떠났고, 조만식은 평안도에서 소련 군정에 발이 묶여 있었다. 더욱이 해방 직후 남한에서 좌익 세력의 조직과 활동이 평안도 기독교 세력과 친미 엘리트의 우익 진영에 비해 앞서 있던 상황에서 그들은 이승만을 지지하며 우익 진영의 대동단결에 주력할 수밖에 없었다. 그만큼 평안도 출신 월남민들은 남한 내에서 가장 강력한 반공 세력이었던 것이다.

서북 청년회, 좌익 세력 탄압의 선두에 서다

평안도 출신 청년층은 1946년 11월 서북 청년회를 결성하고 '공격적 반공주의' 활동에 나섰다. 서북 청년회는 강령으로, ① 조국의 완전 자주독립 쟁취, ② 균등 사회의 건설, ③ 세계 평화에 공헌 등을 내세웠다. 그러나 실제로는 좌익 세력을 탄압하는 과정에서 우익 세력의 첨병 역할을 수행했다. 1947년 3·1절 기념식 후 서울 시가행진 도중 좌익 세력과 충돌한 것

'최후 1인까지 결사 반탁'
서북 청년회에서 만든 8·15 광복 기념 행사 전단이다. 앞면에 38도선 철폐, 완전 자주독립, 서북 지역 해방 등을 주장하는 8·15 기념 구호 10개 조와 서북 청년 행진곡의 가사가 인쇄되어 있다. 대한민국역사박물관 제공

을 비롯해 부산 극장 사건, 조선민주애국청년동맹 사무실 점령 사건, 정수복 검사 암살 사건 등 좌익에 대한 테러를 감행했다.

특히 1947년 11월에 결성된 서북 청년회 제주도 지부는 설립 초기부터 제주도 도민들에게 많은 민폐를 끼쳤고, 시간이 갈수록 공산주의자들을 척결한다는 명분으로 법적 절차를 무시하고 테러를 일삼아 도민들의 원성을 샀다. 1948년 4·3 사건이 일어났을 때 서북 청년회 회원들은 경찰이나 경비대원 신분으로 진압 작전에 뛰어들었다.

그밖에도 서북 청년회는 경찰의 좌익 색출 업무를 도왔고, 대북 공작도 수행했다. 대학과 군 내부에도 회원들을 투입하여 반공 투쟁의 강도를 높였다. 그들은 또한 이승만과 한민당 중심의 정치 노선을 추종하여 중간파나 남북 협상파에 대한 사상 투쟁까지 전개하면서 단정 추진 세력의 친위대 역할도 했다.

평안도 출신 기독교 세력, 반공의 보루가 되다

평안도 출신의 기독교 세력도 남한 기독교계의 교권을 장악하고 남한의 반공 투쟁과 단정 수립에 크게 기여했다. 해방 직후 기독교계는 친일과 반일, 종교적 진보주의와 보수주의, 출신 지역 등을 중심축으로 하는 심각한 내분에 직면했다. 이때 한경직 목사의 영락교회로 대표되는 평안도 출신의 장로교 세력이 1947년 8월 이북 신도 대표회를 발족시키고 미국북장로회

영락교회
신의주에서 목회 활동을 하던 한경직 목사가 월남해 세운 교회이다. 한국 전쟁 때 북한 서북 지방 피난민 교인들이 몰려들면서 일명 '피난민 교회'로 알려졌다. 이 교회는 신탁 통치 반대 운동, 반공운동에도 앞 장섰는데, 서북 청년회와도 관련이 있다고 알려져 있다.

의 지원을 받으며 서서히 남한 기독교계의 교권을 장악하기 시작했다. 평안도 출신 기독교 세력의 반공 성향은 한경직의 다음과 같은 글에 잘 나타나 있다.

8·15 해방 이후 대한 사상계에 있어서 가장 요원(療原)의 화세(火勢)로 일어난 사상은 공산주의다. 최근에는 신민주주의니 진보적 민주주의니 하고 개명을 하여 사람의 뇌수를 혼미케 할 뿐 아니라. (중략) 공산주의야말로

일대 괴물이다. 이 괴물이 지금은 3천리 강산에 횡행하며 삼킬 자를 찾는다. 이 괴물을 벨 자 누구냐? 이 사상이야말로 묵시록에 있는 붉은 용이다. 이 용을 멸할 자 누구냐?

한경직, <기독교와 공산주의>, 1949

평안도 출신으로 한국 최초로 주교 서품을 받은 노기남과 장면(1950년대 국무총리와 부통령을 지낸 정치가)이 이끄는 천주교 역시 강력한 반공 친미 성향의 집단으로 단정 수립에 기여했다. 천주교는 일제 강점기부터 이미 반공 성향이 짙었으나 장로교나 감리교와 달리 미국과의 인연은 제한적이었다. 그런데 태평양 전쟁 이후 미국의 군종 사제장이자 루스벨트 대통령의 개인 특사로 활동한 바 있는 스펠만 추기경의 잦은 한국 방문, 초대 한

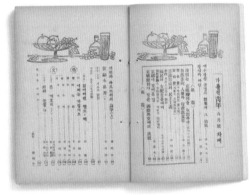

《가톨릭청년》
가톨릭청년사에서 발행한 월간 잡지이다. 국립민속박물관 제공

국 교황 사절로 내한한 패트릭 번 주교와 미국인 신부들의 재입국 등을 통해 천주교는 미국통이 부족했던 약점을 빠른 속도로 보완했다. 이때 한국 천주교에 대한 미국 천주교의 영향력이 급속도로 강화된 것은 두말할 필요가 없다.

한국 천주교는 해방 정국에서 사실상의 우익 정치 세력으로 활동했다. 노기남은 미군정 초기에 한국의 대표적인 지도자를 천거해 달라는 부탁을 받고 장면과 협의하여 우파 인사 60여 명을 미군정에 추천했다. 그는 또 천주교 신자들에게 순교 정신을 갖고 반공 투쟁에 나설 것을 호소했으며, 유지급 신자들에게는 한민당에 가입하여 정치 활동에 나설 것을 촉구했다. 그는 유물주의·공산주의를 배격하는 데는 신·구교를 가릴 것 없이 모든 기독교인이 단결하여 일선에 나서야 한다고 역설했다. 당시 천주교회의 주요 언론 기관지였던 《경향잡지》, 《가톨릭신문》, 《가톨릭청년》 등에는 단정 수립을 지지하는 교회 지도자들의 글이 계속해서 실렸다. 특히 1947년부터 1950년까지 《가톨릭청년》에 게재된 기사 가운데 반공 관련 기사의 비율은 50.3%에 이르렀다. 또한 장면은 제3차 유엔 총회에 참석하는 한국 대표단의 수석대표에 기용되어 유엔의 남한 단정 승인을 이끌어 냈다.

이 책을 집필한 사람들 (글이 실린 순서대로)

여호규 · 한국외국어대학교 사학과 교수이다. 서울대학교 국사학과를 졸업하고 같은 학교 대학원에서 박사학위를 받았으며, 저서로는 《고구려 성》(I, II), 《고구려 초기 정치사 연구》, 《한국 고대국가와 중국왕조의 조공책봉관계 연구》(공저), 《고대 도시와 왕권》(공저) 등이 있다.

박준형 · 해군사관학교 박물관장 겸 군사전략학과 교수이다. 연세대학교 사학과를 졸업하고 같은 학교 대학원에서 박사학위를 받았으며, 주요 논저로는 〈예맥 관련 최근 논의의 비판적 검토〉, 〈기원전 7세기 중반 동북아시아의 국제관계와 고조선의 위상〉, 〈기원전 3~2세기 고조선의 중심지와 서계의 변화〉, 《고조선사의 전개》 등이 있다.

김종복 · 안동대학교 사학과 교수이다. 성균관대학교 사학과를 졸업하고 같은 학교 대학원에서 박사학위를 받았으며, 한림대학교 태동고전연구소에서 한문 연수 과정을 수료했다. 발해사를 중심으로 한국 고대사 및 사학사를 연구하고 있으며, 저서로 《발해정치외교사》, 《정본 발해고》 등이 있다.

박재우 · 성균관대학교 사학과 교수이다. 서울대학교 국사학과를 졸업하고 같은 학교 대학원에서 박사학위를 받았다. 주요 논저로 〈고려 전기 왕명의 종류와 반포〉, 〈고려 전기 재추의 출신과 국정회의에서의 위상〉, 〈고려 최씨정권의 권력행사와 왕권의 위상〉, 《고려 국정운영의 체계와 왕권》, 《고려 전기 대간제도 연구》 등이 있다.

송용덕 · 국사편찬위원회에서 편사연구사로 활동하고 있다. 서울대학교 국사학과를 졸업하고 같은 학교 대학원에서 박사 과정을 수료했으며, 주로 고려 시대 국경 문제를 연구하고 있다. 주요 논저로는 〈고려~조선 전기의 백두산 인식〉, 〈1107~1109년 고려의 갈라전 지역 축성과 '윤관 9성' 인식〉 , 〈고려의 일자명 기미주 편제와 윤관 축성〉 등이 있다.

신병주 • 건국대학교 사학과 교수이다. 서울대학교 국사학과를 졸업하고 같은 학교 대학원에서 박사학위를 받았다. 주요 저서로는《왕으로 산다는 것》,《참모로 산다는 것》,《왕비로 산다는 것》,《조선평전》,《조선과 만나는 법》,《56개 공간으로 읽는 조선사》 등이 있다.

이흥권 • 강원대학교 사학과 강사이자 의암류인석기념관 기념사업팀장이다. 주요 논저로는《19세기~20세기 초 조선의 만주 이주민정책에 대한 연구》,《조선의 명재상 횡성인 고형산》(공저),《횡성 각림사와 태종의 강무 행차 재조명》(공저),〈청의 간도정책과 이범윤의 이주민 관리 연구〉,〈19세기 조선인 만주 이주와 고종의 관리정책〉 등이 있다.

김상태 • 서울대학교병원 의학역사문화원 교수이다. 서울대학교 국사학과를 졸업하고 같은 대학원에서 박사학위를 받았다. 2005년부터는 한국 근현대 의료사를 연구하고 있으며, 주요 논저로는《제중원 이야기》,〈평안도 기독교 세력과 친미엘리트의 형성〉,《윤치호일기 1916~1943》(편역),《역사신문 5권》(공저),《사진과 함께 보는 한국 근현대 의료문화사》(공저) 등이 있다.

곽효환 • 대산문화재단에 재직하고 있다. 건국대학교 국문과를 졸업했고 고려대학교 대학원에서 박사 과정을 마쳤다. 1996년《세계일보》에 〈벽화 속의 고양이 3〉을 발표하며 작품 활동을 시작했다.《인디오 여인》,《지도에 없는 집》,《슬픔의 뼈대》,《너는》,《한국 근대시의 북방의식》,《너는 내게 너무 깊이 들어왔다》 등 여러 권의 시집과 다수의 논저가 있다.

한홍구 • 성공회대학교 열림교양대학 교수이며, 서울대학교 국사학과를 졸업하고 같은 학교 대학원에서 석사학위를, 미국 워싱턴대학에서 박사학위를 받았다. 주요 논저로는 〈상처받은 민족주의〉,《대한민국사》 1~4권,《지금 이 순간의 역사》,《유신》,《사법부》,《4·19혁명》,《5·18민주화 운동》,《한홍구의 청소년 역사 특강》 등이 있다.

* 이 책에 쓰인 사진은 경기도박물관, 국립민속박물관, 국립중앙도서관, 국립중앙박물관, 국립한글박물관, 대한민국역사박물관, 독립기념관, 동북아역사넷, 삼성출판박물관, 서울대학교 규장각한국학연구원, 어진박물관, 위키백과, 전쟁기념관, 한국학중앙연구원, 한국국학진흥원, 헬로포토, 호야지리박물관 등에서 대여하거나 public domain을 사용하였습니다.
* 사용 허락을 받지 못한 일부 사진은 소장처와 연락이 닿는 대로 사용 허락을 받겠습니다.

절반의 한국사
고대에서 현대까지 북쪽의 역사

초판 1쇄 인쇄 2021년 3월 22일 **초판 1쇄 발행** 2021년 4월 2일

지은이 여호규, 박준형, 김종복, 박재우, 송용덕, 신병주, 이홍권, 김상태, 곽효환, 한홍구
기획 신미희
펴낸이 이승현

편집3 본부장 최순영
교양 학습 팀장 김문주
편집 이미숙, 최란경
디자인 최수정

펴낸곳 ㈜위즈덤하우스 **출판등록** 2000년 5월 23일 제13-1071호
주소 경기도 고양시 일산동구 정발산로 43-20 센트럴프라자 6층
전화 031)936-4000 **팩스** 031)903-3893 **홈페이지** www.wisdomhouse.co.kr

ⓒ 여호규, 박준형, 김종복, 박재우, 송용덕, 신병주, 이홍권, 김상태, 곽효환, 한홍구, 2021

ISBN 979-11-91425-51-2 43910